일 본 어 능 력 시 험

딱!
한 권

JLPT
N3 청해

저자 JLPT연구모임

일 본 어 능 력 시 험

초판인쇄	2021년 6월 2일
초판발행	2021년 6월 12일
저자	JLPT연구모임
책임 편집	조은형, 무라야마 토시오, 박현숙, 손영은, 김성은
펴낸이	엄태상
해설진	한고운, 김수빈
디자인	권진희
조판	김성은
콘텐츠 제작	김선웅, 김현이
마케팅	이승욱, 전한나, 왕성석, 노원준, 조인선, 조성민
경영기획	마정인, 조성근, 최성훈, 정다운, 김다미, 오희연
물류	정종진, 윤덕현, 양희은, 신승진
펴낸곳	시사일본어사(시사북스)
주소	서울시 종로구 자하문로 300 시사빌딩
주문 및 교재 문의	1588-1582
팩스	0502-989-9592
홈페이지	www.sisabooks.com
이메일	book_japanese@sisadream.com
등록일자	1977년 12월 24일
등록번호	제 300-1977-31호

ISBN 978-89-402-9324-9 (13730)

머리말

　일본어능력시험은 N4와 N5에서는 주로 교실 내에서 배우는 기본적인 일본어를 어느 정도 이해할 수 있는 레벨인가를 측정하며, N1과 N2에서는 폭넓은 분야에서 일본어를 어느 정도 이해할 수 있는지, N3는 N1, N2와 N4, N5의 가교 역할을 하며 일상적인 장면에서 사용되는 일본어의 이해를 측정합니다. 일본어능력시험 레벨 인정의 목표는 '읽기', '듣기'와 같은 언어행동의 표현입니다. 언어행동을 표현하기 위해서는 문자·어휘·문법 등의 언어지식도 필요합니다. 즉, 어휘나 한자, 문법 항목의 무조건적인 암기가 아니라, 어휘나 한자, 문법 항목을 커뮤니케이션 수단으로서 실제로 활용할 수 있는가를 측정하는 것이 목표입니다.

　본 교재는 新일본어능력시험 개정안에 따라 2010년부터 최근까지 새롭게 출제된 기출문제를 철저히 분석하여, 일본어 능력시험 초심자를 위한 상세한 설명과 다량의 확인문제를 수록하고, 중·고급 학습자들을 위해 난이도 있는 실전문제를 다루었습니다. 또한 혼자서도 충분히 합격할 수 있도록, 상세한 해설을 첨부하였습니다. 시중에 일본어능력시험 수험서는 많이 있지만, 학습자들이 원하는 부분을 콕 집어 효율적인 학습을 할 수 있는 교재는 그다지 많지 않습니다.

　이러한 점을 고려하여 본 JLPT연구모임에서는 수년간의 분석을 통해 적중률과 난이도를 연구하여, 일본어능력시험을 준비하는 학습자가 이 책 한 권이면 충분하다고 느낄 정도의 내용과 문제를 실었습니다. 한 문제 한 문제 꼼꼼하게 풀어 보시고, 일본어능력시험에 꼭 합격하시기를 진심으로 기원합니다.

JLPT연구모임

1 교시 | 언어지식(문자·어휘·문법)/독해

문자·어휘

출제 빈도순 어휘 ➡ 기출어휘 ➡ 확인문제 ➡ 실전문제

1교시 문자·어휘 파트에서는 문제 유형별 출제 빈도순으로 1순위부터 3순위까지 정리하여 어휘를 제시한다. 가장 많이 출제되고 있는 1자 한자부터, 닮은꼴 한자, 명사, する동사, 동사, 형용사, 부사순으로 어휘를 학습한 후, 확인문제를 풀어보면서 확인하고, 확인문제를 학습 후에는 실전문제를 풀면서 총정리를 한다. 각 유형별로 제시한 어휘에는 최근 출제되었던 단어를 표기해 놓았다.

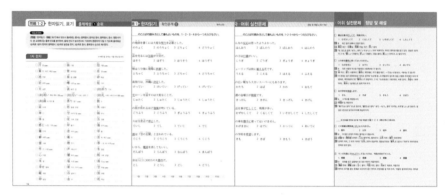

문법

기초문법 ➡ 필수문법 ➡ 필수경어 ➡ 확인문제 ➡ 실전문제

N3 필수 문법과 경어를 학습하고 확인 문제를 차근차근 풀며 체크할 수 있도록 다량의 문제를 실어 놓았으며, 처음 시작하는 초보자를 위해 시험에 자주 등장하는 기초문법을 수록해 놓았다. 확인문제까지 학습한 뒤에는 난이도 있는 실전문제를 풀며 실전에 대비할 수 있도록 했다.

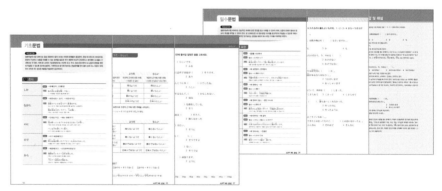

독해

독해의 비결 ➡ 영역별 확인문제 ➡ 실전문제

이제 더 이상 문자·어휘·문법에만 집중해서는 안 된다. 과목별 과락이라는 제도가 생기면서, 독해와 청해의 비중이 높아졌기 때문에 모든 영역을 균형있게 학습해야 한다. 본 교재에서는 독해의 비결을 통해, 글을 분석할 수 있는 노하우를 담았다. 문제만 많이 푼다고 해서 점수가 잘 나오는 것이 아니므로, 원리를 잘 파악해 보자.

② 교시 　청해

청해의 비결 ➡ 영역별 확인문제 ➡ 실전문제

독해와 함께 청해의 비중도 높아졌으며, 단어 하나하나의 의미를 꼼꼼히 듣는 문제보다는 상담·준비·설명·소개·코멘트·의뢰·허가 등 어떤 주제로 회화가 이루어지는지, 또한 칭찬·격려·질책·변명·걱정 등 어떤 장면인지를 파악해야 하는 문제들이 출제되고 있다. 이에 본 교재는 다양한 주제를 접할 수 있도록 구성하였다.

실전모의테스트 3회분 (영역별 2회분 + 온라인 종합 1회분)

질로 승부한다!

JLPT연구모임에서는 몇 년 동안 완벽한 분석을 통해 적중률과 난이도를 조정하여, 실전모의테스트를 제작하였다. 혼자서도 공부할 수 있도록 자세한 해설을 수록해 놓았다.

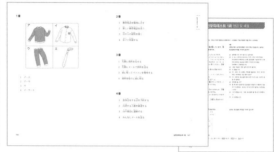

무료 동영상 해설 강의

1타 강사들의 명쾌한 실전모의테스트 해설 특강!!

언제 어디서나 꼼꼼하게 능력시험을 대비할 수 있도록 동영상 강의를 제작하였다. 질 좋은 문제와 명쾌한 해설로 실전에 대비하길 바란다.

차례

일본어능력시험 개요

① 시험과목과 시험시간

레벨	시험과목 (시험시간)		
N1	언어지식 (문자・어휘・문법)・독해 (110분)		청해 (60분)
N2	언어지식 (문자・어휘・문법)・독해 (105분)		청해 (50분)
N3	언어지식 (문자・어휘) (30분)	언어지식 (문법)・독해 (70분)	청해 (45분)
N4	언어지식 (문자・어휘) (25분)	언어지식 (문법)・독해 (55분)	청해 (40분)
N5	언어지식 (문자・어휘) (20분)	언어지식 (문법)・독해 (40분)	청해 (35분)

② 시험점수

레벨	배점구분	득점범위
N1	언어지식(문자・어휘・문법)	0~60
	독해	0~60
	청해	0~60
	종합배점	0~180
N2	언어지식(문자・어휘・문법)	0~60
	독해	0~60
	청해	0~60
	종합배점	0~180
N3	언어지식(문자・어휘・문법)	0~60
	독해	0~60
	청해	0~60
	종합배점	0~180
N4	언어지식(문자・어휘・문법)・독해	0~120
	청해	0~60
	종합배점	0~180
N5	언어지식(문자・어휘・문법)・독해	0~120
	청해	0~60
	종합배점	0~180

③ 합격점과 합격 기준점

레벨별 합격점은 N1 100점, N2 90점, N3 95점이며, 과목별 합격 기준점은 각 19점입니다.

④ 문제유형

Ⅰ. 언어지식(문자·어휘·문법) Ⅱ. 독해 Ⅲ. 청해

시험과목		큰 문제	예상 문항 수	문제 내용	적정 예상 풀이 시간	파트별 소요 예상 시간	대책
언어 지식 (30분)	문자·어휘	문제 1	8	한자 읽기 문제	3분	문자·어휘 20분	문자·어휘 파트의 시험시간은 30분으로 문제 푸는 시간을 20분 정도로 생각하면 시간은 충분하다. 나머지 10분 동안 마킹과 점검을 하면 된다.
		문제 2	6	한자 쓰기 문제	3분		
		문제 3	11	문맥에 맞는 적절한 어휘 고르는 문제	6분		
		문제 4	5	주어진 어휘와 비슷한 의미의 어휘를 찾는 문제	3분		
		문제 5	5	제시된 어휘의 의미가 올바르게 쓰였는지를 묻는 문제	5분		
언어 지식 · 독해 (70분)	문법	문제 1	13	문장의 내용에 맞는 문형표현 즉 기능어를 찾아서 넣는 문제	6분	문법 18분	총 70분 중에서 문제 푸는 시간 56분, 나머지 14분 동안 마킹과 마지막 점검을 하면 된다. 문법 파트에서 새로운 유형의 문제는 예제를 확실하게 이해하고 문제풀이를 하면 새로운 문제에 바로 적응할 수 있을 것이다. 독해문도 마찬가지다. 새로운 유형의 정보 검색 등은 내용 속에 답이 있으므로 차분히 찾기만 하면 된다.
		문제 2	5	나열된 단어를 의미에 맞게 조합하는 문제	5분		
		문제 3	5	글의 흐름에 맞는 문법 찾아내기 문제	7분		
	독해	문제 4	4	단문(150~200자 정도) 이해	10분	독해 38분	
		문제 5	6	중문(350자 정도) 이해	10분		
		문제 6	4	장문(550자 정도) 이해	10분		
		문제 7	2	600자 정도의 글을 읽고 필요한 정보 찾기	8분		
청해 (45분)		문제 1	6	과제 해결에 필요한 정보를 듣고 나서 무엇을 해야 하는지 찾아내기	약 9분 (한 문항당 약 1분 30초)		총 45분 중에서 문제 푸는 시간은 대략 35분 10초 정도가 될 것으로 예상한다. 나머지 시간은 질문 읽는 시간과 문제 설명이 될 것으로 예상한다. 전체적으로 난이도가 그다지 어렵지 않을 것으로 예상한다.
		문제 2	6	대화나 혼자 말하는 내용을 듣고 포인트 파악하기	약 11분 30초 (한 문항당 약 1분 55초)		
		문제 3	3	내용 전체를 듣고 화자의 의도나 주장을 이해하기	약 4분 30초 (한 문항당 약 1분 30초)		
		문제 4	4	그림을 보면서 상황 설명을 듣고 화살표가 가리키는 인물의 대답 찾기	약 2분 40초 (한 문항당 약 40초)		
		문제 5	9	짧은 문장을 듣고 그에 맞는 적절한 응답 찾기	약 4분 30초 (한 문항당 약 30초)		

〈활용형과 품사의 기호〉

활용형과 품사의 기호	예
명사	雪
동사 사전형	持つ・見る・する・来る
동사 ます형	持ちます・見ます・します・来ます
동사 ない형	持たない・見ない・しない・来ない
동사 て형	持って・見て・して・来て
동사 た형	持った・見た・した・来た
동사 의지형	持とう・見よう・しよう・来よう
동사 가정형	持てば・見れば・すれば・来れば
동사 명령형	持て・見ろ・しろ・来い
イ형용사 사전형	暑い
イ형용사 어간	暑い
イ형용사 て형	暑くて
ナ형용사 사전형	丈夫だ
ナ형용사 어간	丈夫だ
ナ형용사 て형	丈夫で
する동사의 명사형	散歩・運動・料理 등 [する]를 뒤에 붙일 수 있는 명사

〈접속방법 표시 예〉

[보통형]

동사	聞く	聞かない	聞いた	聞かなかった
イ형용사	暑い	暑くない	暑かった	暑くなかった
ナ형용사	上手だ	上手ではない	上手だった	上手ではなかった
명사	学生だ	学生ではない	学生だった	学生ではなかった

[명사수식형]

동사	聞く	聞かない	聞いた	聞かなかった
イ형용사	暑い	暑くない	暑かった	暑くなかった
ナ형용사	上手な	上手ではない	上手だった	上手ではなかった
명사	学生の	学生ではない	学生だった	学生ではなかった

JLPT

N3

聴解

● 청해의 비결

청해의 비결

1 발음 ◎ 1

촉음

일본어에는 작은 「っ」로 표시하는 '촉음'이라는 것이 있습니다. 촉음이 있는지 없는지 구별해서 들을 수 있어야 합니다. 그러기 위해서는 먼저 자기가 소리를 내면서 발음해보는 것이 중요합니다.

> **포인트** 「っ」 뒤에는 カ・サ・タ・バ・キャ・シャ・チャ행(k, s, t, p, sh, ch) 밖에 오지 않습니다.
>
> 예 かっこう (kakko), ぐっすり (gussuri)

> **연습**
>
> **a, b 중 어느 쪽의 발음일까요?**
>
> (1) ⓐ かこう   ⓑ かっこう
> (2) ⓐ ぶか   ⓑ ぶっか
> (3) ⓐ きって   ⓑ きて
> (4) ⓐ おっと   ⓑ おと
> (5) ⓐ いっさい   ⓑ いさい
>
> **정답** (1) ⓐ (2) ⓑ (3) ⓑ (4) ⓐ (5) ⓑ

음의 변화 ◎ 2

구어체는 다음과 같이 음이 축약되는 경우가 많습니다.

「ん」으로 바뀌는 음	ナ행의 「に」「の」, ラ행의 「ら」「り」「る」「れ」는 「ん」으로 음이 바뀌는 경우가 많습니다. **예문** いち<u>に</u>ち → いち<u>ん</u>ち そんなも<u>の</u> → そんなも<u>ん</u>
「っ」으로 바뀌는 음	「〜か」 앞의 글자는 「っ」로 음이 바뀌는 경우가 있습니다. **예문** ど<u>こ</u>か → ど<u>っ</u>か そ<u>う</u>か → そ<u>っ</u>か
요음이 섞인 음으로 바뀌는 경우	「れは・れば」→「りゃ」 「ては・では」→「ちゃ・じゃ」 「〜てしまう・〜でしまう」→「〜ちゃう・〜じゃう」

	예 これは<u>ない</u>よね。 → こ<u>りゃ</u>ないよね。
	今日、かさ持ってく<u>れば</u>よかった。
	→ 今日、かさ持ってく<u>りゃ</u>よかった。
	入っ<u>ては</u>だめ。 → 入っ<u>ちゃ</u>だめ。

※ 위의 예 외에도 「やはり → やっぱり・やっぱ」「～じゃない → ～じゃん」과 같이 바뀌는 것도 있습니다.

연습

1. a, b 중 어느 문장일까요?

(1) ⓐ どこか行こうよ   ⓑ どっか行こうよ

(2) ⓐ こんなもんいらないよ   ⓑ こんなものいらないよ

2. 들리는 대로 써 보세요.

(1) _____

(2) _____

(3) _____

정답	1. (1) ⓑ (2) ⓐ
	2. (1) ほら、ちゃんと持たないからこぼれちゃったじゃん。
	(2) 誕生日には、やっぱすしがいちばんだよなあ。
	(3) いくらなんでもそりゃ、ひどいよ。

모음(a, i, u, e, o)의 생략과 연음화 ◎ 3

발음하기 쉽게 바뀐 구어체입니다.

모음 생략	「～ている」「～ていく」의 「い」, 「もう」의 「う」는 생략되는 경우가 있습니다.
	예 今、持って<u>い</u>くから。→ 今、持って<u>く</u>から。
	<u>も</u>う少し、待っ<u>てい</u>てくれる？ →<u>も</u>少し、待っ<u>てて</u>くれる？
모음의 연음화	タ행 다음에 모음이 올 경우, T음과 다음 모음만 발음하고, 중간의 모음은 생략하는 경우가 있습니다.
	예 うちに電話し<u>てお</u>いてね。→ うちに電話し<u>と</u>いてね。
	電話し<u>ておい</u>てあげるよ。→ 電話し<u>と</u>いたげるよ。

청해의 비결

연습

1. a, b 중 어느 문장일까요?

〔1〕 ⓐ あとでやっときます。　　　　　ⓑ あとでやっておきます。

〔2〕 ⓐ すぐ着くので、先に始めていてください。

　　　ⓑ すぐ着くので、先に始めててください。

〔3〕 ⓐ も少しがんばってね。　　　　　ⓑ もう少しがんばってね。

2. 들리는 대로 써 보세요.

〔1〕 _____

〔2〕 _____

〔3〕 _____

정답

1. 〔1〕ⓐ　〔2〕ⓑ　〔3〕ⓐ

2. 〔1〕とりあえず、そこに置いといて。
   〔2〕卵は、お母さんが買ってくって。
   〔3〕えっ、先に見とくって言ってたでしょ。

모음의 무성화　◎4

모음은「キ・ク・シ・ス・チ・ツ・ヒ・フ・ピ・プ・シュ」등의 음이 カ행・サ행・タ행・ハ행・パ행・キャ행・シャ행・チャ행・ヒャ행・ピャ행 및「ッ」앞에 왔을 때 무성이 됩니다(여기서는 무성음을 ◯로 표기합니다).

「キ・シ・チ・ヒ・ピ」 모음의 무성화	**예** 支度(シタク) → 支度(◯タク) 比較(ヒカク) → 比較(◯カク)
「ク・ス・ツ・フ・プ」 모음의 무성화	**예** 不都合(フツゴー) → 不都合（◯ツゴー) 直接(チョクセツ) → 直接（チョ◯セツ)
「シュ」모음의 무성화	**예** 出演(シュツエン)　→出演（◯ツエン) 縮小(シュクショー) → 縮小(◯クショー)

※ 뒤의 음에 영향을 받아서 앞의 음(밑줄 친 부분)이 무성이 됩니다.

14

연습

1. a,b 중 어느 쪽일까요?

(1) ⓐ ケ<u>シ</u>トメル   ⓑ ケ<u>シ</u>トメル

(2) ⓐ <u>チ</u>ッソク   ⓑ <u>チ</u>ッソク

(3) ⓐ ド<u>ク</u>ショ   ⓑ ド<u>ク</u>ショ

(4) ⓐ ホー<u>シュ</u>ツ   ⓑ ホー<u>シュ</u>ツ

(5) ⓐ ミ<u>カ</u>エス   ⓑ ミ<u>カ</u>エス

(6) ⓐ <u>シ</u>アイ   ⓑ <u>シ</u>アイ

정답   1. (1) ⓑ   (2) ⓐ   (3) ⓑ   (4) ⓑ   (5) ⓐ   (6) ⓐ

비슷한 음   ◎5

일본어에는 발음이 비슷하기 때문에 듣고 구별하기가 힘든 음이 있습니다.

청음과 탁음	일본어에는 「˚」이 붙는 탁음과 아무것도 붙지 않는 청음이 있습니다. 반복해 들으면서 귀에 익숙해지도록 합시다.
	 예 また・まだ
	     天気 (テンキ)・電気 (デンキ)
	     学校 (ガッコー)・格好 (カッコー)
	     韓国 (カンコク)・監獄 (カンゴク)

ガ행음과 비탁음	조사 「が」및 어두에 오지 않는 「ガ」음은 콧소리 비슷하게 나는 비탁음 (「ンア」에 가까운 음)으로 발음됩니다(여기서는 「カ゚」로 표기합니다). **예** 私がやります。(ワタシカ゚ ヤリマス) 中学校 (チュウカ゚ッコー)
「ン」음	「ン」은 뒤에 오는 음에 따라서 여러 가지 음으로 변화하는데 특히 뒤에 모음이 왔을 때의 음에 주의합시다. **예** 単位 (タンイ) 負担を (フタンオ)

「ザ・ズ・ゾ」와 「ジャ・ジュ・ジョ」의 음	한국인 학습자가 구별하기 힘든 발음이므로 잘 듣고 큰 소리로 반복해서 따라 해 봅시다. **예문** 情勢(ジョーセー)・造成(ゾーセー) ジャージャー(물이 나오는 소리)・ザーザー(비가 내리는 소리)

연습

1. a, b 중 어느 쪽일까요?

(1) ⓐ ゲタ   ⓑ ケタ

(2) ⓐ ゴーテー   ⓑ コーテー

(3) ⓐ トーキ   ⓑ ドーキ

(4) ⓐ カレキ   ⓑ ガレキ

2. 음성을 듣고 ( ) 안에 들어갈 말을 써 보세요.

(1) 彼は、( ) 時代を大阪で過ごした。

(2) ( ) の参考資料として、( ) を用意した。

(3) 就職するのに、( ) は必要でしょうか。

3. 음성을 듣고 ( ) 안에 들어갈 말을 써 보세요.

(1) ( ) 開けたら、雪が降っていた。

(2) 家から ( ) 近いので、送り迎えはそれほど苦ではない。

(3) 僕達は、夏休みに ( ) しようと約束をした。

4. 들리는 것과 똑같이 써 보세요.

(1) _____

(2) _____

(3) _____

정답	1. (1) ⓐ (2) ⓑ (3) ⓐ (4) ⓑ 2. (1) 小学校 (2) 会議 / グラフ (3) 学歴 3. (1) 玄関を (2) 幼稚園は (3) 探検を 4. (1) 増収 (2) 乗じる (3) 民族

❷ 청해에 자주 나오는 표현

다음에 정리해 놓은 표현은 들으면 들을수록 청해 문제가 쉬워지는 표현입니다. 청해 문제뿐만 아니라 독해에도 자주 나오는 표현이므로 외워두면 유용하게 쓸 수 있습니다. 확실하게 기억해 둡시다.

約束・時間 / 약속·시간 ◎ 6

～もあれば	～도 있고	～もすれば	～도 하면
出発する	출발하다	到着する	도착하다
遅くなる	늦어지다	早めに	조금 이르게
遅めに	조금 늦게	急ぐ	서두르다
～前	～전	～過ぎ	～지남
道が込む	길이 막히다	道に迷う	길을 잃다, 헤매다
空く	비다, (자리가) 나다	事故	사고
予定	예정	約束	약속
場所	장소	留守電(留守番電話)	자동응답전화
連絡する	연락하다	迎えに行く	마중 가다
見送りに行く	배웅 가다	寄る	들르다

運動 / 운동 ◎ 7

ウォーキング	워킹, 걷기	ジョギング	조깅
サイクリング	사이클링, 자전거 타기	スキー	스키
サッカー	축구	バスケットボール	농구
テニス	테니스	水泳	수영
卓球	탁구	山登り	등산

続<small>つづ</small>ける	계속하다	習慣<small>しゅうかん</small>	습관
健康<small>けんこう</small>	건강	効果<small>こうか</small>がある	효과가 있다

ペット / 애완동물 ◎ 8

飼<small>か</small>う	기르다	かむ	물다
世話<small>せわ</small>をする	돌보다	えさをやる	먹이를 주다
面倒<small>めんどう</small>をみる	돌봐주다	面倒<small>めんどう</small>くさい	몹시 귀찮다
留守<small>るす</small>にする	(집을) 비우다	連<small>つ</small>れて行<small>い</small>く	데리고 가다

手伝う てつだ	돕다	人数 にんずう	인원수
調べる しら	조사하다	案内する あんない	안내하다
会場 かいじょう	회장	会議室 かいぎしつ	회의실
予約する よやく	예약하다	予約を入れる よやく い	예약을 하다
セットする	머리 모양을 다듬다, (도구, 기계 등을) 설치하다	書類 しょるい	서류
チラシ	전단, 광고지	パンフレット	팸플릿
配る くば	나누어 주다, 배부하다	ポスター	포스터
必要だ ひつよう	필요하다	用意する ようい	준비하다
アイディア	아이디어	考える かんが	생각하다
相談する そうだん	상담하다	セミナー	세미나
研究会 けんきゅうかい	연구회	引き受ける ひ う	책임지고 떠맡다, 부담하다

会議 かいぎ	회의	キャンセル	캔슬, 취소
変更する へんこう	변경하다	予定 よてい	예정
出張 しゅっちょう	출장	仕事が入る しごと はい	일이 들어오다
注文する ちゅうもん	주문하다	連絡する れんらく	연락하다
集中する しゅうちゅう	집중하다	調べる しら	조사하다
伝える つた	알리다, 전달하다	確認する かくにん	확인하다

か ちょう 課長	과장	ぶ ちょう 部長	부장
おうせつしつ 応接室	응접실	そう こ 倉庫	창고
ふ 増やす	늘리다	へ 減らす	줄이다
き ろく 記録	기록		

大学 / 대학 ◎ 11

レポート	리포트	ていしゅつ 提出する	제출하다
じゅん び 準備する	준비하다	はっぴょう 発表する	발표하다
やくそく 約束する	약속하다	まとめる	한데 모으다, 정리하다
き 決まる	정해지다, 결정되다	き 決める	정하다, 결정하다
あつ 集める	모으다	しゅっせき 出席	출석
けっせき 欠席	결석	り ゆう 理由	이유
し りょう 資料	자료	テーマ	테마
しつもん 質問	질문		

入院する	입원하다	具合が悪い / よい	(몸) 상태가 안 좋다 / 좋다
調子が悪い / よい	컨디션이 나쁘다 / 좋다	顔色が悪い / よい	안색이 나쁘다 / 좋다
熱が出る	열이 나다	熱が下がる	열이 내리다
せきが出る	기침이 나다	風邪をひく	감기에 걸리다
風邪が治る	감기가 낫다	けがをする	다치다
包帯をする	붕대를 하다	薬をぬる	약을 바르다
薬を飲む	약을 먹다	不便だ	불편하다
苦労	고생, 수고	骨を折る	골절되다
倒れる	쓰러지다, 넘어지다	お大事に	몸 조심하세요
無理しないで	무리하지 말고	気をつける	조심하다, 주의하다

音楽 / 음악 ◎ 13

曲(きょく)	곡	歌手(かしゅ)	가수
ダンス	댄스	ファン	팬
ファンクラブ	팬클럽	チケット	티켓
コンサート	콘서트	ギター	기타
ピアノ	피아노	バイオリン	바이올린
クラシック	클래식	発表会(はっぴょうかい)	발표회
演奏会(えんそうかい)	연주회	音楽会(おんがくかい)	음악회
懐(なつ)かしい	그립다	練習(れんしゅう)する	연습하다
自信(じしん)がある / ない	자신이 있다 / 없다	簡単(かんたん)だ	간단하다
難(むずか)しい	어렵다	得意(とくい)だ	자신있게 잘 하다
上手(じょうず)だ	잘하다	苦手(にがて)だ	서투르다
人気(にんき)だ	인기다	人気(にんき)がある	인기가 있다

湿気（しっけ）	습기	乾燥（かんそう）する	건조하다
日（ひ）が当（あ）たる	햇볕이 들다	おく	두다
入（い）れる	넣다	しまう	치우다, 간수하다
保存（ほぞん）する	보존하다	涼（すず）しい	시원하다
気温（きおん）	기온	温度（おんど）	온도
梅雨（つゆ）	장마	時期（じき）	시기
保存方法（ほぞんほうほう）	보존 방법	注意（ちゅうい）	주의
基本（きほん）	기본	冷蔵庫（れいぞうこ）	냉장고
冷凍庫（れいとうこ）	냉동고	変（か）わらない	변하지 않는다

申（もう）し込（こ）む	신청하다	利用（りよう）する	이용하다
払（はら）う	돈을 치르다, 지불하다	支払（しはら）い	지불, 지급
受付（うけつけ）	접수	会員（かいいん）／ メンバー	회원
カード	카드	〜代（だい）	〜의 대금
ロッカー	로커	必要（ひつよう）だ	필요하다
身分証明書（みぶんしょうめいしょ）	신분증	書類（しょるい）	서류
店員（てんいん）	점원	売店（ばいてん）	매점
割引（わりびき）	할인	サービス	서비스

청해의 비결

貸し借り / 대차 ◎ 16

貸し出し	대출	貸す	빌려주다
借りる	빌리다	返す	돌려주다
汚す	더럽히다	破れる	찢어지다
無くす	잃다, 분실하다	受付	접수
予約	예약	預ける	맡기다
気にする	걱정하다, 마음에 두다		

즉시응답에 나올 수 있는 문제와 그에 대한 다양한 대답을 정리해 놓았습니다.
* A는 질문, B는 그에 대한 대답으로 두세 가지 예를 든 것입니다.

A : こんな時間。急がなくちゃ。 벌써 시간이. 서둘러야 해.

B : ① まだ大丈夫だよ。 아직 괜찮아.

　② タクシーに乗ったら。 택시 타.

　　※ 「~なくちゃ」는 「~なくては」의 축약형으로 뒤에 「ならない」가 생략 됨 → 「~なければならない」

A : お茶でもいかがですか。 차라도 마시는 게 어때요?

B : ① いただきます。 잘 마시겠습니다.

　② 結構です。 괜찮아요.

　③ おかまいなく。 신경 쓰지 마세요.

　　※ 「いかがですか」는 상대방의 상태나 의향을 묻는 표현이다. 구어 표현으로는 「どう(ですか)」이고, 「結構です」
　　는 '이미 충분하다'라는 의미로 누가 무언가를 권했지만 거절할 때 사용한다. 「おかまいなく」는 '저는 신경 쓰지
　　마세요'라는 뜻이다.

A : 妹さん、お元気ですか。 여동생은 잘 지내나요?

B : ① おかげさまで。 덕분에요.

　② 元気にしています。 잘 지내요.

　　※ 「おかげさまで」는 상대방의 호의나 친절에 감사를 표하는 말로 안부를 묻는 말에 답할 때에 쓴다.

A : ちょっとこの問題教えてほしいんだけど。 잠깐 이 문제 가르쳐 줄래?

B : ① いいよ。どれ。 좋아. 뭔데?

　② 今忙しいからあとでね。 지금 바쁘니까 나중에.

　③ これから出かけるんだ。ごめんね。 지금 외출해. 미안.

　　※ 「~てほしいんだけど」는 '~해 주세요'라는 뜻이다.

A : アメリカに行ったことある？ 미국에 가 본 적 있어?

B : ① ううん、ない。 아니, 없어.

　② あるよ、高校生の時に。 있어. 고등학생 때.

　③ 夏休みに行くんだ。 여름방학에 갈 거야.

　　※ 「~たこと(が)ある」는 경험을 서술할 때 사용한다.

A : 彼、入社してから一日も休まずに会社に来てるんだって。
그 사람 입사하고서 하루도 쉬지 않고 회사에 나오고 있대.

B : ① それはすごいですね。 그것 대단하네.
　② 仕事熱心ですね。 일 열심히 하네.

　　※「～ずに」는 '～않고'라는 뜻이다.

A : ① つまらないものですが。 별거 아니지만.
　② ほんの気持ちです。 그저 제 성의입니다.
　③ 心ばかりですが。 마음뿐입니다만.

B : まあ、ありがとうございます。 와~, 감사합니다.

　　※ 선물할 때 사용하는 표현이다.

A : ① お待たせしました。 오래 기다리셨습니다.
　② お待たせしてすみません。 기다리게 해서 죄송합니다.
　③ お待たせして申し訳ありません。 기다리게 해서 정말 죄송합니다.

B : いえ、私も今来たところですよ。 아니에요. 저도 지금 막 왔습니다.

　　※ 상대를 기다리게 했을 때, 감사와 사죄의 마음을 담아서 하는 말이다.

A : お先に失礼します。 먼저 실례하겠습니다.

B : ① おつかれさまでした。 수고하셨습니다.
　② おつかれさま。 수고했어요.

　　※ 상대보다 먼저 돌아갈 때 하는 인사말 / 상대의 노고를 위로하는 말이다.

A : お世話になりました。 신세 많이 졌습니다.

B : どうぞお元気で。 부디 건강하세요.

　　※ 헤어질 때 이제까지 상대가 해 주었던 것에 대한 감사를 표하는 말이다.

A : ① 忘れ物ですよ。 이거 두고 가셨는데요.

② 落し物ですよ。 분실물이요.

B : ああ、ありがとうございます。 아~, 감사합니다.

　　※ 상대방이 무언가를 잃어버리고 가거나, 무언가 빠뜨린 것을 알려 줄 때 주의를 끄는 말이다.

A : ① これ見てもいい？ 이거 봐도 괜찮아?

② もらってもいいですか。 받아도 될까?

③ 入ってもよろしいですか。 들어가도 되나요?

B : ① どうぞ。 그렇게 하세요.

② いいよ。 좋아.

③ いいですよ。 좋습니다.

　　※ 「〜てもいいですか」는 상대방의 허가를 얻을 때 사용하는 표현이다.

A : ① ドアが開かないんですが。 문이 안 열리는데요.

② 申し込みをしたいんですが。 신청하고 싶은데요.

B : ちょっと見てみましょう。 잠깐 봅시다.

　　※ 「〜んですが」는 상황을 설명할 때 사용한다.

청해의 비결

 연습 ◎ 18

올바른 대화가 되도록 정답에 ○표시를 해주세요.

(1) A : そろそろ行かなくちゃ。
     B : (そう。じゃ、またね。 / 時間はまだあるね。)

(2) A : 具合はどう？
     B : (具合が悪いんだ。 / 熱が下がらなくて。)

(3) A : お元気ですか。
     B : (けっこうです。 / おかげさまで。)

(4) A : この記事、読んでみてほしいんだけど。
     B : (今、ちょっと時間がないんだ。 / じゃあ、読んでもらうね。)

(5) A : 私、この映画見たことあるんだけど。
     B : (そんなことないよ。 / じゃ、ちがうの見ようか。)

(6) A : おかわりいかがですか。
     B : (いえ、けっこうです。 / はい、おかげさまで。)

(7) (病院で)
     A : 食事をせずに来てください。
     B : (飲み物もだめですか。 / 少し食べて行きます。)

(8) A : この薬、飲まなくちゃいけませんか。
     B : (大丈夫、飲めますよ。 / 必ず飲んでください。)

정답	[1] そう。じゃ、またね。	[2] 熱が下がらなくて。	[3] おかげさまで。
	[4] 今、ちょっと時間がないんだ。	[5] じゃ、ちがうの見ようか。	[6] いえ、けっこうです。
	[7] 飲み物もだめですか。	[8] 必ず飲んでください。	

상황 설명을 듣고 올바른 쪽에 ○표시를 해 주세요.

(9) 字が小さくてよく見えません。
(よく見たらどうですか。／ よく見えないんですが。)

(10) 近所の人に旅行のお土産をわたします。
(つまらないものですが。／ これを差し上げましょう。)

(11) 約束の時間に遅れてしまいました。
(お待たせしてすみません。／ お待ちしてごめんなさい。)

(12) 先輩より先に帰ります。先輩にあいさつします。
(おつかれさまでした。／ お先に失礼します。)

(13) 今日で会社をやめます。上司にあいさつします。
(お世話になりました。／ お先に失礼します。)

(14) かさを置いたまま、帰ろうとしている人がいます。
(かさ、いりませんか。／ ちょっと、忘れ物ですよ。)

(15) 友達に本を借りたいです。
(この本、借りてもいい？／ この本、貸してあげる。)

(16) 荷物が届きません。
(荷物が届かないんですが。／ 荷物を届けたほうがいいですよ。)

정답			
	(9) よく見えないんですが。	(10) つまらないものですが。	(11) お待たせしてすみません。
	(12) お先に失礼します。	(13) お世話になりました。	(14) ちょっと、忘れ物ですよ。
	(15) この本、借りてもいい？	(16) 荷物が届かないんですが。	

청해의 비결

청해에서 자주 사용되는 경어 ◎ 19

ご利用になる 이용하시다	袋はご利用になりますか。봉투는 필요하세요?
お使いになる 사용하시다	イヤホンをお使いになるといいですよ。이어폰을 사용하시면 좋습니다.
教えてくださる 가르쳐 주시다	料理を教えてくださいませんか。요리를 가르쳐 주시지 않겠습니까?
直してくださる 고쳐 주시다	日本語を直してくださいませんか。일본어를 고쳐 주시지 않겠습니까?
お尋ねください 물어봐 주십시오	わからないことがありましたら、いつでもお尋ねください。 모르는 것이 있다면 언제든지 물어봐 주십시오.
お申し込みください 신청해 주십시오	あちらの受付でお申し込みください。저쪽 접수처에서 신청해 주십시오.
ご覧になる 보시다	どうぞご覧になってください。사양 마시고 봐 주세요.
いらっしゃる 오시다, 계시다, 가시다	ぜひまたいらっしゃって（いらして）ください。꼭 다시 와주세요. 田中さんはどちらにいらっしゃいますか。다나카 씨는 어디에 계십니까? カナダにはいついらっしゃるんですか。캐나다에는 언제 가십니까?
お作りする '만들다'의 겸양어	会員カードをお作りします。회원카드를 만들어 드리겠습니다.
お見せする 보여드리다	私の車をお見せしましょう。제 차를 보여드리겠습니다.
撮っていただく 찍어 주시다	写真を撮っていただけないでしょうか。사진을 찍어 주시지 않겠습니까?
ご注文いただく 주문하시다	ご注文いただきました商品は、3日以内にお届けします。 주문하신 상품은 3일 이내에 배달하겠습니다.
ご連絡いたす 연락드리다	先生には私からご連絡いたします。선생님께는 제가 연락드리겠습니다.
拝見する '보다'의 겸양어	ちょっと拝見させていただきます。잠깐 보겠습니다.
まいる '가다, 오다'의 겸양어	先週、北海道に行ってまいりました。지난 주 홋카이도에 다녀왔습니다.
おる '있다'의 겸양어	明日は一日中家におりますが。내일은 온종일 집에 있습니다만.
伺う 듣다, 찾아뵈다	週末は家にいらっしゃると伺ったんですが、土曜日に伺っても よろしいですか。 주말은 집에 계신다고 들었습니다만, 토요일에 찾아봬도 되겠습니까?

수수 표현·사역 표현과 경어 ◎ 20

보통체

① ~てくれる？ ~てくれない？	④ ~てもらえる？ ~てもらえない？	⑦ ~(さ)せてくれる？ ~(さ)せてくれない？	⑩ ~(さ)せてもらえる？ ~(さ)せてもらえない？
② ~てくれますか ~てくれませんか	⑤ ~てもらえますか ~てもらえませんか	⑧ ~(さ)せてくれますか ~(さ)せてくれませんか	⑪ ~(さ)せてもらえますか ~(さ)せてもらえませんか
③ ~てくださいますか ~てくださいませんか	⑥ ~ていただけますか ~ていただけませんか	⑨ ~(さ)せてくださいますか ~させてくださいませんか	⑫ ~(さ)せていただけますか ~(さ)せていただけませんか

정중체

▶ 소리를 내어 읽어 봅시다.

1	ちょっとこっちに来てくれる（くれない）？	잠깐 이쪽으로 와 줄래?
2	彼女に聞いてみてくれますか（くれませんか）。	그녀에게 물어봐 주겠습니까?
3	メールで送ってくださいますか（くださいませんか）。	메일로 보내 주시겠습니까?
4	これ、会議室に持って行ってもらえる（もらえない）？	이거, 회의실에 가져다 줄래?
5	荷物を運ぶの手伝ってもらえますか（もらえませんか）。	짐 옮기는 것 도와주시겠습니까?
6	日本語を教えていただけますか（いただけませんか）。	일본어를 가르쳐 주시겠습니까?
7	その書類、コピーさせてくれる（させてくれない）？	그 서류 복사해도 될까?
8	お話を聞かせてくれますか（くれませんか）。	이야기를 들려주겠습니까?
9	授業を見学させてくださいますか（くださいませんか）。	수업을 견학시켜 주시겠습니까?
10	このパソコン使わせてもらえる（もらえない）？	이 컴퓨터 써도 될까?
11	写真を見せてもらえますか（もらえませんか）。	사진을 보여 주시겠습니까?
12	少し考えさせていただけますか（いただけませんか）。	조금 생각하게 해 주시겠습니까?

연습

음성을 듣고 맞는 것에 ○표시를 해주세요. ◎ 21

(1) A：写真を撮っていただけますか。
　　B：(私、下手なんですよ。／撮らないでください。)

(2) A：意見を言わせてもらえませんか。
　　B：(もちろんです。どうぞ。／言わなければなりません。)

(3) A：その書類、私にも見せてくれる？
　　B：(あとでもいい？／見せてみて。)

(4) A：どんな花束をお作りしましょうか。
　　B：(バラの花束を作りましょう。／バラの花束を作ってください。)

(5) A：すぐに直してくださいませんか。
　　B：(今日中には無理ですね。／急いで直してもらいますよ。)

(6) A：代わりに行ってきてもらえますか。
　　B：(ええ、お願いします。／それはちょっと…。)

(7) A：チケットとっておいてくれない？
　　B：(机の上に置いたよ。／もう予約したよ。)

정답

(1) 私、下手なんですよ。　　(2) もちろんです。どうぞ。　　(3) あとでもいい？

(4) バラの花束を作ってください。 (5) 今日中には無理ですね。　　(6) それはちょっと…。

(7) もう予約したよ。

(8)　A：ここからは、海がご覧になれますよ。
　　　B：(近いんですね。／ 本当ですね。)

(9)　A：ロッカーはご利用になりますか。
　　　B：(はい、使います。／ はい、使われます。)

(10)　A：この箱を動かすの手伝ってくれる？
　　　B：(どこに持って行けばいいの？／ ありがとう、助かったよ。)

(11)　A：これ、まだお使いになりますか。
　　　B：(いいえ、捨ててください。／ はい、こわれているんです。)

(12)　A：お宅にはいつ伺ったらよろしいですか。
　　　B：(水曜日に聞いてください。／ 水曜日に来てください。)

(13)　A：その仕事、やらせてくれませんか。
　　　B：(ええ、お願いします。／ はい、私がやります。)

(14)　A：買い物に付き合ってもらえない？
　　　B：(付き合ったほうがいいよ。／ 今度の日曜日ならいいよ。)

정답
(8) 本当ですね。　(9) はい、使います。　(10) どこに持って行けばいいの？
(11) いいえ、捨ててください。(12) 水曜日に来てください。　(13) ええ、お願いします。
(14) 今度の日曜日ならいいよ。

(15) A : ちょっと拝見してもいいですか。
B : (ええ、どうぞ。 ／ ええ、どうも。)

(16) A : 体調が悪いので帰らせていただけませんか。
B : (もちろんです。お大事に。 ／ お先に失礼します。)

(17) A : どちらにいらっしゃったんですか。ずいぶん探しましたよ。
B : (会議室にいたんです。 ／ 会議室に行ったんです。)

(18) A : これ、読んでみてもらえる？
B : (今ちょっと忙しいんだけどな。 ／ それならいいんじゃないかな。)

(19) A : トイレを貸してもらえませんか。
B : (右側にありますよ。 ／ 困ってるんです。)

(20) A : 社長室をお見せすることはできません。
B : (見ることはないんです。 ／ どうしても見たいんです。)

| 정답 | (15) ええ、どうぞ。 (16) もちろんです。お大事に。 (17) 会議室にいたんです。 (18) 今ちょっと忙しいんだけどな。 (19) 右側にありますよ。 (20) どうしても見たいんです。 |

1　A : 슬슬 가야지.
　　B : 응 그럼, 다음에 또 보자.

2　A : 몸 상태는 어때?
　　B : 열이 내려가지 않아서.

3　A : 잘 지내고 있습니까?
　　B : 덕분에요.

4　A : 이 기사 읽어 봐 주었으면 하는데.
　　B : 지금 좀 시간이 없어.

5　A : 나, 이 영화 본 적 있는데.
　　B : 그럼, 다른 걸 볼까?

6　A : 더 드릴까요?
　　B : 아니요, 괜찮아요.

7　(병원에서)
　　A : 식사하지 말고 오세요.
　　B : 음료도 안 되나요?

8　A : 이 약, 먹어야 되나요?
　　B : 반드시 드세요.

9　글자가 작아서 잘 안 보입니다.
　　(잘 안 보이는데요.)

10　근처에 사는 사람에게 여행 선물을 줍니다.
　　(별거 아니지만.)

11　약속 시간에 늦어버렸습니다.
　　(기다리게 해서 죄송합니다.)

12　선배보다 먼저 집에 갑니다. 선배에게 인사를 합
　　니다. (먼저 실례하겠습니다.)

13　오늘로 회사를 그만둡니다. 상사에게 인사를 합
　　니다. (신세 많이 졌습니다.)

14　우산을 둔 채로 돌아가려고 하는 사람이 있습니다.
　　(잠깐만요, 이거 두고 가셨어요.)

15　책을 빌리고 싶습니다. (이 책 빌려도 될까?)

16　짐이 오지 않습니다. (짐이 오지 않습니다만.)

1　A : 사진을 찍어 주시겠습니까?
　　B : 저, 서툴러요.

2　A : 의견을 말해도 될까요?
　　B : 물론입니다. 말씀하세요.

3　A : 그 서류, 나에게도 보여줄래?
　　B : 나중에라도 괜찮아?

4　A : 어떤 꽃다발을 만들어 드릴까요?
　　B : 장미 꽃다발을 만들어 주세요.

5　A : 바로 고쳐주시지 않겠습니까?
　　B : 오늘 중에는 무리입니다.

6　A : (저)대신 갔다 와 주시겠습니까?
　　B : 그건 좀….

7　A : 티켓 사두어 주지 않을래?
　　B : 벌써 예약했어.

8　A : 여기부터는 바다를 보실 수 있습니다.
　　B : 정말이네요.

9　A : 로커는 사용하시겠습니까?
　　B : 네 사용하겠습니다.

10　A : 이 상자를 옮기는 것 도와줄래?
　　B : 어디로 가지고 가면 돼?

11　A : 이거 아직 쓰실 거에요?
　　B : 아니요, 버려 주세요.

12　A : 댁에는 언제 찾아 뵙는 게 좋으신가요?
　　B : 수요일에 와 주세요.

13　A : 그 일, (저에게) 시켜 주지 않으시겠습니까?
　　B : 네, 부탁합니다.

14　A : 쇼핑에 같이 가 주지 않을래?
　　B : 이번 일요일이라면 괜찮아.

15　A : 잠깐 봐도 괜찮겠습니까?
　　B : 네, 보세요.

16　A : 몸 상태가 안 좋기 때문에 집에 가도 될까요?
　　B : 물론입니다. 몸조심하세요.

17　A : 어디에 계셨나요? 한참 찾았습니다.
　　B : 회의실에 있었어요.

18　A : 이거 읽어 봐 줄래?
　　B : 지금 좀 바쁜데.

19　A : 화장실을 쓸 수 있을까요?
　　B : 오른쪽에 있습니다.

20　A : 사장실을 보여 드릴 수는 없습니다.
　　B : 꼭 보고 싶습니다.

과제 해결에 필요한 정보를 듣고, 무엇을 해야 하는지 찾는 문제이다.

상황 설명과 문제를 듣는다 ➡ 본문의 대화를 듣는다 ➡

다시 한 번 문제를 듣는다 ➡ 문제지에 인쇄된 선택지를 보고 정답을 고른다.

問題1 問題1では、まず質問を聞いてください。それから話を聞いて、問題用紙の1から4の中から、最もよいものを一つ選んでください。では練習しましょう。

れい
　　1 車で行きます
　　2 電車で行きます
　　3 ふねで行きます
　　4 バスで行きます

포인트

〈問題1〉의 6문항 중에는 시간이나 가격에 대해서 묻는 문제도 나오는데, 이러한 문제는 문제에 나왔던 시간이나 가격은 정답이 아닐 때가 많다. 정답이 애매할 때는 선택지에서 문제에 나오지 않았던 숫자를 찍도록 하자. 다음에 취하는 행동에 대해서 묻는 문제(예 : 이 あと 何をしますか)의 경우도 정답은 문제에 나왔던 말을 같은 뜻의 다른 말로 바꿔서 나올 때가 많다.

학습요령

선택지가 그림으로 제시되는 문제가 1문항 정도 나오고 나머지는 모두 선택지가 문자로 제시된다. 대화 내용을 듣기 전에 과제를 수행할 사람이 여자인지 남자인지, 아니면 둘이 같이 하는 것인지, 그리고 과제를 수행할 사람이 어떤 일을 해야 하는지 메모를 하면서 들어야 한다. 문제를 듣기 전에 미리 문제지에 인쇄된 선택지나 그림을 봐 두자.

問題1 問題１では、まず質問を聞いてください。それから話を聞いて、問題用紙の
　　　　１から４の中から、最もよいものを一つ選んでください。

1 ◎ 22

　　1　かいぎしつの　じゅんびを　する

　　2　しりょうを　コピーする

　　3　おべんとうを　ちゅうもんする

　　4　おべんとうを　はこぶ

2 ◎ 23

1

2

3

4

3 ◎ 24

  1　お菓子

  2　ジュースと　お酒

  3　ジュース

  4　お酒

4 ◎ 25

  1　つつんで　れいぞうこに　いれる

  2　そのまま　れいぞうこに　いれる

  3　そのまま　そとに　だしておく

  4　アイスクリームみたいに　する

5 **26**

1

2

3

4

6 **27**

1

2

3

4

問題1 問題１では、まず質問を聞いてください。それから話を聞いて、問題用紙の
１から４の中から、最もよいものを一つ選んでください。

1 🎧 28

1

まんえん
8万円

2
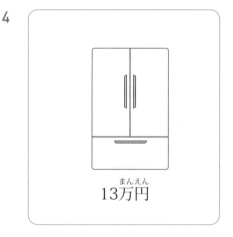
まんえん
9万円

3
まんえん
15万円

4
まんえん
13万円

2　◎ 29

1　となりのビルに　行って　カレーを　食^たべる

2　社長^{しゃちょう}と　いっしょに　ホテルで　食事^{しょくじ}をする

3　べんとうを　買^かって　公園^{こうえん}で　食^たべる

4　べんとうを　買^かって　事務所^{じむしょ}で　食^たべる

3　◎ 30

1　9時^じまで

2　9時^じ30分^{ぷん}まで

3　10時^じまで

4　10時^じ15分^{ふん}まで

4　◎ 31

1　えいぎょう部^ぶへ　行^いく

2　部長^{ぶちょう}に　けいたい電話^{でんわ}を　わたす

3　いすを　となりの部屋^{へや}へ　運^{はこ}ぶ

4　プロジェクターを　かたづける

5 　◎ 32

　1 借りた本を　かえす

　2 本が　来るまで　1週間待つ

　3 用紙に　れんらく先を　書く

　4 図書館カードを　持ってくる

6 　◎ 33

　1 ファックスで　もうしこむ

　2 電話で　もうしこむ

　3 病院へ　行って　もうしこむ

　4 ホームページで　もうしこむ

問題1 問題１では、まず質問を聞いてください。それから話を聞いて、問題用紙の
　　　１から４の中から、最もよいものを一つ選んでください。

1 ◎ 34

1 薬局
やっきょく

2 花屋
はなや

3 喫茶店
きっさてん

4 事務所
じむしょ

2 ◎ 35

1

2

3

4

3　◎ 36

1　トイレを　掃除する

2　大田さんに　電話をする

3　テーブルを　ふく

4　窓を　ふく

4　◎ 37

1　はがき

2　紙

3　紙と　はがき

4　絵の具と　ふでと　紙

5 ◎ 38

1 友だちを 駅まで 送りに いく

2 友だちと 昼ごはんを 食べる

3 女の人の家に 本を 借りに いく

4 自分の家に 本を 取りに いく

6 ◎ 39

1 4時

2 4時半

3 5時

4 5時半

확인문제 1

문제1. 문제1에서는 먼저 질문을 들으세요. 그리고 이야기를 듣고 문제지의 1〜4 중에서 가장 적당한 것을 하나 고르세요.

1 ◎ 22

男の人と女の人が会議の準備について話しています。男の人は今日、何をしますか。

男　会議は、明日だよね。手伝うこと、ある？
女　ありがとうございます。会議室の準備と資料のコピーと、それから、お弁当を注文しなければならないんですが…。
男　わかった。じゃ、会議室の準備は今から僕がしておくよ。それから、明日お弁当を運ぶのは手伝うよ。
女　ありがとうございます。
男　コピーと注文は頼むね。
女　はい、わかりました。

男の人は今日何をしますか。今日です。
1　かいぎしつの　じゅんびを　する
2　しりょうを　コピーする
3　おべんとうを　ちゅうもんする
4　おべんとうを　はこぶ

남자와 여자가 회의 준비에 관해서 이야기하고 있습니다. 남자는 오늘 무엇을 합니까?

남　회의는 내일이지. 도울 일 있어?
여　고맙습니다. 회의실 준비와 자료복사와 그리고 도시락을 주문해야 하는데요….
남　알았어. 그럼, 회의실 준비는 지금부터 내가 해둘게. 그리고 내일 도시락 나르는 것은 도울게.
여　고맙습니다.
남　복사와 주문은 부탁할게.
여　네, 알겠습니다.

남자는 오늘 무엇을 합니까? 오늘입니다.
1 회의실 준비를 한다
2 자료를 복사한다
3 도시락을 주문한다
4 도시락을 나른다

정답 1
어휘 会議室 회의실 | 準備 준비 | 明日 내일 | 手伝う 거들다, 돕다 | 資料 자료 | コピー 복사 | お弁当 도시락 | 注文 주문 | 僕 나(남자의 자칭) | 運ぶ 나르다 | 頼む 부탁하다
해설 남자가 오늘 해야 할 일 → 회의실 준비(도시락 나르는 일은 내일 할 일)

2 ◎ 23

男の人と女の人が話しています。女の人はどんな頭にしてもらいますか。

男　どうなさいますか。
女　これから暑くなるので、ちょっと短くしたいんですが。
男　そうですか。耳が出るぐらいにしましょうか。だいぶ涼しくなりますよ。
女　いえ、そんなに短くしないでください。ちょうど首ぐらいの長さがいいんです。
男　わかりました。前髪はどうしますか。少し短くして横にすると、かわいいですよ。

남자와 여자가 이야기하고 있습니다. 여자는 어떤 머리로 합니까?

남　어떻게 하시겠습니까?
여　앞으로 더워지니깐 약간 짧게 하고 싶은데요.
남　그렇습니까? 귀가 나올 정도로 할까요? 상당히 시원해질 거에요.
여　아뇨, 그렇게 짧게는 하지 마세요. 딱 목 정도 길이가 좋아요.
남　알겠습니다. 앞머리는 어떻게 할까요? 조금 짧게 해서 옆으로 넘기면 귀여워요.

女　そうですか。でもいいです、このままで。
男　わかりました。

女の人はどんな頭にしてもらいますか。

1　　　　　2

3　　　　　4

여　그렇습니까? 하지만 됐어요. 이대로.
남　알겠습니다.

여자는 어떤 머리로 합니까?

정답　4

어휘　暑い 덥다 | 短い 짧다 | 耳 귀 | だいぶ 상당히, 꽤 | 涼しい 시원하다 | 首 목 | 長さ 길이 | 前髪 앞머리 | 横にする 가로로 눕히다 | かわいい 귀엽다

해설　여자가 선택한 머리 스타일 → 남자가 귀가 보일 정도의 길이를 권하자 목정도가 좋겠다고 했으며, 앞머리는 옆으로 넘기지 않고 그대로 두길 원한다.

---

3 ◎ 24

男の人と女の人が話しています。2人は明日、何を買って行きますか。

男　明日、佐藤さんちに何持ってく？ お菓子？
女　ジュースかお酒はどう？ お菓子でもいいけど。
男　ああ、お酒がいいね。あの2人、お酒、好きだから。
女　あ、でも子どもが3人いるのよ。男の子と女の子が2人。
男　そうか。じゃ、子どもも飲めるのがいいな。
女　そうね。
男　じゃ、明日午前中にデパートで買ってから行こう。

2人は明日、何を買って行きますか。
1　お菓子
2　ジュースと　お酒
3　ジュース
4　お酒

남자와 여자가 이야기하고 있습니다. 두 사람은 내일 무엇을 사서 갑니까?

남　내일 사토 씨 집에 뭘 가져갈까? 과자?
여　주스 아님 술은 어때? 과자도 괜찮지만.
남　아아, 술이 좋겠어. 그 두 사람, 술 좋아하니까.
여　아~, 하지만 아이가 3명 있어. 남자 아이와 여자 아이 둘.
남　그런가? 그럼, 아이들도 마실 수 있는 것이 좋겠네.
여　그렇지.
남　그럼, 내일 오전 중에 백화점에서 사서 가자.

두 사람은 무엇을 사서 갑니까?
1　과자
2　주스와 술
3　주스
4　술

정답　3

어휘　お菓子 과자 | ジュース 주스 | お酒 술 | デパート 백화점

해설　두 사람이 내일 사가지고 가는 것 → 사토 씨 부부가 술을 좋아하니까 술을 사가자는 남자의 말에 여자가 아이들이 3명 있다고 하자, 결국 아이들도 마실 수 있는 것(주스)을 사기로 한다.

4 ◎ 25

男の人と女の人がバナナについて話しています。2人はバナナをどうしますか。

女 バナナ、紙で包んで冷蔵庫に入れようと思うんだけど…。暑いから、外に出しておいたら、すぐ黒くなるでしょう。

男 冷蔵庫に入れたら、黒くなるんじゃない？そうだ！アイスクリームみたいにしたら？冷たくておいしいよ。

女 それがね、インターネットで調べたら、冷たい風が当たらなければ、冷蔵庫に入れても、黒くならないらしいの。

男 へえ、じゃ、やってみようか。

2人はバナナをどうしますか。
1 つつんで　れいぞうこに　いれる
2 そのまま　れいぞうこに　いれる
3 そのまま　そとに　だしておく
4 アイスクリームみたいに　する

남자와 여자가 바나나에 관해서 이야기하고 있습니다. 두 사람은 바나나를 어떻게 합니까?

여 바나나를 종이에 싸서 냉장고에 넣으려고 하는데…. 더워서 밖에 내놓으면 바로 검게 되겠지?

남 냉장고에 넣으면 검게 되는 거 아냐? 참! 아이스크림 처럼 만드는 건 어때? 시원하고 맛있어.

여 그게 말이지, 인터넷으로 알아봤는데, 차가운 바람을 쐬지 않으면 냉장고에 넣어도 검어지지 않는다고 해.

남 헤에~ 그럼, 해 볼까?

두 사람은 바나나를 어떻게 합니까?
1 싸서 냉장고에 넣는다
2 그대로 냉장고에 넣는다
3 그대로 밖에 꺼내 둔다
4 아이스크림처럼 만든다

정답 1

어휘 バナナ 바나나 | 紙 종이 | 包む 싸다, 포장하다 | 冷蔵庫 냉장고 | 暑い 덥다 | 黒い 검다 | アイスクリーム 아이스크림 | 冷たい 차갑다 | 調べる 조사하다 | 風が当たる 바람을 쐬다

해설 두 사람이 바나나를 어떻게 하는가? → 차가운 바람만 쐬게 하지 않으면 냉장고에 넣어도 검어지지 않는다는 여자의 말에 남자가 "해 보자"라고 했으므로 싸서 냉장고에 넣는 것이 정답이다.

---

5 ◎ 26

男の人と女の人が電話で話しています。男の人はどのインクを買わなければなりませんか。

男 あ、今、お店にいるんだけど、インク、どれを買ったらいいか、わからないんだ。黒は320と530の2つあるんだけど、どっち？

女 あ、320。

男 わかった。あと赤と青が550でいいんだよね。1つずつでいいの？

女 そう。あ、でも数は２つずつにして。すぐなくなっちゃうから。

男 わかった。黒も２つ買ってく？

女 あ、そうだね。

남자와 여자가 전화로 이야기하고 있습니다. 남자는 어느 잉크를 사야 합니까?

남 아, 지금 가게에 있는데 잉크, 어떤 걸 사면 될지 모르겠어. 검정은 320과 530 두 가지가 있는데, 어느 쪽?

여 아, 320.

남 알았어. 그 다음, 빨강과 파랑이 550이면 되는 거지? 한 개씩이면 돼?

여 그래. 아. 근데 개수는 두 개씩으로 해줘. 금방 없어지니깐.

남 알았어. 검정도 2개 사갈까?

여 아, 그래.

男の人はどのインクを買わなければなりませんか。

남자는 어느 잉크를 사야 합니까?

어휘 お店 가게 | インク 잉크 | 黒 검정 | 赤 빨강 | 青 파랑 | ~ずつ ~씩 | 数 수, 개수

해설 남자가 사야 하는 잉크 → 검정은 320을 사고 빨강과 파랑은 550을 구입 → 개수는 빨강, 파랑은 두 개씩 사고 검정도 두 개 사는지 묻는 말에 '그래' 라고 긍정의 대답을 했으므로, 정답은 3번이다.

---

6 ◎27

男の人と女の人が話しています。女の人は昼休みの後、何をしますか。

남자와 여자가 이야기하고 있습니다. 여자는 점심시간 후에 무엇을 합니까?

男 山下さん、午後は何か予定、入ってる？

남 야마시타 씨, 오후에 뭔가 예정이 있어?

女 えーと、昼休みの後、銀行に行って、そのあと 3時から会議があります。

여 음. 점심시간 끝나면 은행에 가고, 그 다음 3시부터 회의가 있습니다.

男 銀行は、今日行かないといけないの？

남 은행은 오늘 가지 않으면 안 되는 거야?

女 いえ、明日でも大丈夫ですが。

여 아뇨, 내일도 괜찮습니다만.

男 そうか。じゃ、もみじデパートに、この荷物、持っていってくれないかな。昼ごはん食べてからでいいから。

남 그래? 그럼, 모미지 백화점에 이 짐 가져가 줄 수 있겠어? 점심밥 먹고 나서라도 괜찮으니까.

女 あ、それなら昼休みの前に行ってきますよ。

여 아, 그거라면 점심시간 전에 다녀올게요.

男 そうか、助かるよ。

남 그래? 고마워.

女の人は昼休みの後、何をしますか。

1 ぎんこうに 行く
2 もみじデパートに にもつを 持っていく
3 かいぎに 出る
4 昼ごはんを たべる

여자는 점심시간 후에 무엇을 합니까?

1 은행에 간다
2 모미지 백화점에 짐을 가져 간다
3 회의에 출석한다
4 점심밥을 먹는다

어휘 昼休み 점심시간 | 予定 예정 | 銀行 은행 | 会議 회의 | 大丈夫だ 괜찮다 | 荷物 짐 | 助かる (부담, 노력, 고통 등이 덜리어) 도움이 되다, 편해지다

해설 점심시간 후에 여자가 하는 일 → 남자가 점심시간 후에 모미지 백화점에 짐 가져가는 것을 여자에게 부탁하자, 백화점에 가는 일은 점심시간 전에도 가능하다고 했기 때문에 원래 여자의 예정대로 은행에 간다.

확인문제 2

문제1. 문제1에서는 먼저 질문을 들으세요. 그리고 이야기를 듣고 문제지의 1~4 중에서 가장 적당한 것을 하나 고르세요.

1 ⊚ 28

カタログを見ながら女の人と男の人が話しています。2人は明日、どの冷蔵庫を見に行きますか。

女 どれがいいかなあ。色も形もいろいろあるから迷っちゃうね。

男 冷蔵庫はやっぱり白でしょ。

女 そうかな。色がついたのもおしゃれじゃない。これとか。ドアが3つの黒いの。

男 そんなに大きいの置けるかな、うちに。

女 そうねえ。じゃあ、ツードアで同じ色のは？ 白いのじゃないとだめ？

男 うーん。そうだね。値段もまあまあだし。これ、明日見に行こうか。

女 うん。

2人は明日、どの冷蔵庫を見に行きますか。

카탈로그를 보면서 여자와 남자가 이야기하고 있습니다. 두 사람은 내일, 어느 냉장고를 보러 갑니까?

여 어느 게 좋을까? 색깔도 모양도 여러 가지라서 못 고르겠네.

남 냉장고는 역시 흰색이지.

여 그런가? 색깔이 있는 것도 세련되지 않아? 이런 거라든가. 문이 3개 있는 검정색 냉장고.

남 그렇게 큰 거 놓을 수 있으려나 집에.

여 그렇겠네. 그럼, 문 2개짜리로 같은 색깔인건? 흰색 아니면 안 돼?

남 음… 그래. 가격도 그럭저럭하고. 이거, 내일 보러 갈까?

여 응.

두 사람은 내일, 어느 냉장고를 보러 갑니까?

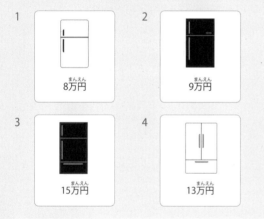

1	2
8万円	9万円
3	4
15万円	13万円

정답 2

어휘 カタログ 카탈로그 | 冷蔵庫 냉장고 | 色 색깔 | 形 모양, 형태 | 迷う 망설이다 | ~ちゃう 「~てしまう」의 축약형 | やっぱり 역시 | 色がつく 색이 있다 | おしゃれだ 멋지다 | 置く 놓다, 두다 | 値段 가격 | まあまあ 그럭저럭

해설 우선 냉장고 색깔이 검정인지 흰색인지와 냉장고 문이 두 개인지 세 개인지를 주의하면서 듣고 그림에서 찾는다. 남자는 흰색 냉장고를 선호 → 여자는 색깔이 있고 문이 3개 있는 검정 냉장고 추천 → 크기가 커서 집에 놓을 수 없음→ 여자가 다시 문 2개의 같은 색깔 냉장고 추천, 여기에서 같은 색깔은 앞에 얘기한 검정색을 말하므로 두 사람이 내일 보러 갈 냉장고는 문 2개짜리 검정색 냉장고가 되기 때문에 정답은 2번이다.

2 ◎29

会社で男の人と女の人が、話しています。2人は昼ごはんをどうすることにしましたか。

男 川口さん、きょうのお昼、どうしますか。
女 まだ決めてないけど、どうして？
男 隣のビルのカレー屋に行きませんか。
女 うーん。あそこあんまりおいしくないし…。それなら、事務所でコンビニ弁当のほうが私はいいけど。
男 そうですか。カレー屋はだめですか。
女 あー。久しぶりに公園行ってみようか。お弁当買って。
男 そうか。天気もいいし、あったかいし。それいいですね。山下さんも誘いましょうか。
女 山下さんは、さっき社長と出かけたよ。取引先の人と、お昼は新宿のホテルで食事するみたい。2人できょうはデートしよう。
男 ええ、いいですね。

2人は昼ごはんをどうすることにしましたか。
1 となりのビルに 行って カレーを 食べる
2 社長と いっしょに ホテルで 食事を する
3 べんとうを 買って 公園で 食べる
4 べんとうを 買って 事務所で 食べる

회사에서 남자와 여자가 이야기하고 있습니다. 두 사람은 점심 식사를 어떻게 하기로 했습니까?

남 가와구치 씨, 오늘 점심, 어떻게 할 거예요?
여 아직 정하지 않았는데, 왜?
남 옆 건물에 있는 카레 전문점에 가지 않을래요?
여 음…. 거긴 별로 맛도 없고…. 그럴 거라면, 사무실에서 편의점 도시락 먹는 게 난 좋은데.
남 그래요? 카레 전문점은 싫으세요?
여 아, 오랜만에 공원 가 볼까? 도시락 사서?
남 그렇구나. 날씨도 좋고, 따뜻하고, 그거 좋겠는데요. 야마시타 씨에게도 권해볼까요?
여 야마시타 씨는 좀 전에 사장님하고 나갔어. 거래처 사람하고, 점심은 신주쿠 호텔에서 먹는 것 같던데. 오늘은 둘이서 데이트 하자.
남 네, 좋습니다.

두 사람은 점심식사를 어떻게 하기로 했습니까?
1 옆 건물에 가서 카레를 먹는다
2 사장님과 함께 호텔에서 식사를 한다
3 도시락을 사서 공원에서 먹는다
4 도시락을 사서 사무실에서 먹는다

정답 3

어휘 昼ごはん 점심(밥) | 決める 정하다 | 隣 옆 | ビル 건물 | カレー屋 카레 전문점 | 弁当 도시락 | 久しぶり 오랜간만 | 公園 공원 | あったかいし 「あたたかいし (따뜻하고)」의 회화체 | 誘う 권하다 | 出かける 나가다 | 取引先 거래처 | ホテル 호텔 | 食事する 식사하다 | デート 데이트

해설 카레를 먹으러 가자는 남자의 제안에 여자는 싫다고 거절하며, '오랜만에 도시락을 사서 공원에 가자'고 했다. 이에 남자가 동의하고 있으므로 정답은 3번이다.

---

3 ◎30

留守番電話のメッセージです。このメッセージを聞いた人は、明日何時までに会社へ行かなければなりませんか。

男 あ、もしもし、株式会社TAKの佐藤です。先日はどうもお電話ありがとうございました。それで、明日の面接なんですが、10時から15分くらいを予定しています。場所はうちの2階の会議室です。

부재중 전화 메시지입니다. 이 메시지를 들은 사람은 내일 몇 시까지 회사에 가야 합니까?

남 여보세요. 주식회사 TAK의 사토입니다. 지난번은 전화해 주셔서 감사했습니다. 그래서 내일 면접 말인데요, 10시부터 15분 정도를 예정하고 있습니다. 장소는 회사 2층 회의실입니다. 그리고 면접 접수는 1층에서 9시부터 하니까, 접수를

それから、面接の受付は1階で9時からしてますので、受付をしてお待ちになってください。あっ、受付は9時半で締め切りますので、お早めにお越しください。

このメッセージを聞いた人は、明日何時までに会社へ行かなければなりませんか。

1　9時まで
2　9時30分まで
3　10時まで
4　10時15分まで

하시고 기다려 주세요. 아, 접수는 9시 반에 마감되니까, 서둘러 오십시오.

이 메시지를 들은 사람은 내일 몇 시까지 회사에 가야 합니까?

1　9시까지
2　9시 30분까지
3　10시까지
4　10시 15분까지

정답 2

어휘 留守番電話 자동응답전화 | メッセージ 메시지 | 株式会社 주식회사 | 先日 요전, 일전 | 面接 면접 | 予定 예정 | 場所 장소 | 会議室 회의실 | 受付 접수 | お待ちになってください 기다려 주십시오 | 締め切る 마감하다 | 早めに 일찌감치, 빨리 | お越しください 와 주십시오

해설 부재중 메시지를 듣고 몇 시까지는 회사에 가야 하는지 찾는 문제이다. 핵심 포인트는 시간표현과 질문문이「までに」로 조건이 한정되어 있으므로 이 시간 안에 회사에 가는 행동이 완료되어야 하는 점이다. 면접시간 → 10시부터 15분간, 면접은 접수가 필요함, 면접 접수 시간은 9시에 시작해서 9시 30분에 마감되므로 메시지를 들은 사람이 내일 회사에 가야 하는 시간은 9시 30분을 넘기면 안 된다. 정답은 2번이다.

4 🎧31

会社で会議が終わったあと、男の人と女の人が話しています。女の人は、このあとまず、何をしなければなりませんか。

男　あー、会議長かったね。お疲れ様。
女　お疲れ様でした。ちょっとここ片付けましょうか。このいすは、隣の部屋に運びましょうか。
男　うん。でも、先にプロジェクター片付けて。すぐ、営業部に返しに行かないといけないから。
女　あ、はい。
男　あれ？これ部長の携帯だ。忘れてったんだ。
女　あ、ほんとだ。ちょっと行って渡してきますね。
男　いいよ、それは後で。
女　あ、はい。

女の人は、このあとまず、何をしなければなりませんか。

1　えいぎょう部へ　行く
2　部長に　けいたい電話を　わたす
3　いすを　となりの　部屋へ　運ぶ
4　プロジェクターを　かたづける

회사에서 회의가 끝난 후, 남자와 여자가 이야기하고 있습니다. 여자는 이후, 우선 무엇을 해야 합니까?

남　아~, 회의 길었네. 수고했어.
여　수고하셨습니다. 여기 좀 정리할까요? 이 의자는 옆 방으로 옮길까요?
남　응. 하지만, 프로젝터 먼저 정리해. 바로 영업부에 돌려주러 가야 하니까.
여　아, 네.
남　어? 이거 부장님 휴대전화인데. 잊어버리셨구나.
여　아, 정말. 부장님께 갖다 드리고 올게요.
남　됐어. 그건 나중에 해.
여　아, 네.

여자는 이후, 우선 무엇을 해야 합니까?

1　영업부에 간다
2　부장님께 휴대전화를 건넨다
3　의자를 옆 방으로 옮긴다
4　프로젝터를 정리한다

정답 4

어휘 会議^{かいぎ} 회의 | まず 우선 | 片付^{かたづ}ける 정리하다 | 運^{はこ}ぶ 옮기다 | プロジェクター 프로젝터 | 営業部^{えいぎょうぶ} 영업부 | 返^{かえ}す 돌려주다 | 部長^{ぶちょう} 부장 | 携帯^{けいたい} 휴대전화 | 忘^{わす}れる 잊어버리다 | 渡^{わた}す 건네다, 넘기다

해설 대화의 장소가 회사이다. 남자 상사가 여자 부하 직원에게 지시한 사항 중, 여자가 가장 먼저해야 할 일을 찾으면 된다. 「まず」라는 조건이 붙어 있으므로 남자의 지시 사항 중 순서를 나타내는 부사에 주의해서 듣는다. 여자가 회의가 끝난 회의실을 정리하려고 함(의자를 옆 방으로 옮기려 함) → 남자는 프로젝터를 영업부에 반환해야 하므로「先に」프로젝터 정리를 지시함 → 부장님이 놓고 간 휴대전화를 여자직원이 갖다 주려고 함 → 남자가 휴대전화 돌려주는 건 나중에 하라고 함. 「先に」에 주의하여 여자가 우선 해야 할 일은 프로젝터 정리이므로, 정답은 4번이다.

5 🔘 32

図書館^{としょかん}で、女^{おんな}の人^{ひと}が本^{ほん}の予約^{よやく}をしています。女^{おんな}の人^{ひと}が、まずしなければならないことは何^{なん}ですか。

女 すみません、本^{ほん}の予約^{よやく}したいんですが。用紙^{ようし}の書^かき方^{かた}、これでいいですか。

男 はい、ちょっと待^まってください。あー、この本^{ほん}は入^{はい}るまでに1週間^{しゅうかん}くらいかかりますね。あ、取^とりに来^くるときは図書館^{としょかん}カードを忘^{わす}れないでくださいね。

女 はい。

男 あ、ここ、連絡先^{れんらくさき}がないですね。本^{ほん}が入^{はい}ったら電話^{でんわ}するので、連絡先^{れんらくさき}書^かいてもらわないと。

女 あ、はい。連絡先^{れんらくさき}ですね。

男 ん？あれ、お返^{かえ}しいただいてない本^{ほん}がありますね。これ、返^{かえ}してもらってからじゃないと、予約^{よやく}も貸^かし出^だしもできませんよ。

女 あ、そうですか。すみませんでした。

女^{おんな}の人^{ひと}が、まずしなければならないことは何^{なん}ですか。
1 借^かりた 本^{ほん}を かえす
2 本^{ほん}が 来^くるまで 1週間^{しゅうかん} 待^まつ
3 用紙^{ようし}に れんらく先^{さき}を 書^かく
4 図書館^{としょかん}カードを 持^もってくる

도서관에서 여자가 책을 예약하고 있습니다. 여자가 우선 해야 할 일은 무엇입니까?

여 실례합니다. 책을 예약하고 싶은데요. 용지에 쓰는 것은 이걸로 괜찮은가요?

남 네, 잠시만 기다려 주세요. 아~, 이 책은 들어 올 때까지 1주일 정도 걸리는데요. 아, 찾으러 오실 때는 도서관 카드를 잊지 말아 주세요.

여 네.

남 아, 여기 연락처가 없네요. 책이 들어오면 전화할 테니까, 연락처를 적어주셔야 합니다.

여 아, 네. 연락처 말이죠.

남 어? 반납하지 않은 책이 있네요. 이거 반납한 후가 아니면 예약도 대출도 불가능합니다.

여 아, 그래요? 죄송합니다.

여자가 우선 해야 할 일은 무엇입니까?
1 빌린 책을 반납한다
2 책이 올 때까지 일주일 기다린다
3 용지에 연락처를 쓴다
4 도서관 카드를 가지고 온다

정답 1

어휘 図書館^{としょかん} 도서관 | 予約^{よやく}する 예약하다 | 用紙^{ようし} 용지 | 書^かき方^{かた} 쓰는 법 | 取^とる 가지다, 잡다 | 連絡先^{れんらくさき} 연락처 | 返^{かえ}す 돌려주다 | 貸^かし出^だし 대출

해설 대출 신청서 작성 → 책이 들어올 때까지 일주일 걸림 → 책을 받으러 올 때 도서관 카드 필요 → 대출 신청서에 연락처 기재 누락, 연락처 적어야 함 → 여자가 반납하지 않은 책이 있는 것을 확인, 책을 반납하지 않으면 예약도 대출도 불가능하다고 함. 그러므로 우선 책을 반납해야 예약도 대출도 할 수 있기 때문에 여자가 해야 할 일은 도서관에서 빌린 책을 반납하는 일이 되므로 정답은 1번이다.

6 ◎33

男の人がインフルエンザの予防注射について病院に電話しています。男の人はこのあと、どうやって注射を申し込みますか。

女 はい、山田医院です。

男 あの、インフルエンザの予防注射、予約したいんですけど。

女 ああ、電話やファックスではダメなんですよ。こちらに来ていただいて申込書を書くか、ホームページに申し込みフォームがありますから、それに記入して申し込んでください。

男 そうですか。わかりました。あ、それと、今日予約して今日注射受けることってできるんですか。

女 ええ、今日の午後は予約、空いてますから。

男 じゃ、申し込み、しておきますので…。4時ごろそっちに行っても大丈夫ですか。

女 4時ごろですか。ええ。いいですよ。

男の人はこのあと、どうやって注射を申し込みますか。

1 ファックスで　もうしこむ
2 電話で　もうしこむ
3 病院へ　行って　もうしこむ
4 ホームページで　もうしこむ

남자가 독감 예방주사에 대해 병원에 전화를 하고 있습니다. 남자는 이 후, 어떻게 해서 주사를 신청합니까?

여 네, 야마다 의원입니다.

남 저, 독감 예방주사, 예약하고 싶은데요.

여 아~, 전화나 팩스로는 예약이 안 됩니다. 이쪽에 오셔서 신청서를 쓰시던가, 홈페이지에 신청 양식이 있으니까 거기에 기입해서 예약해 주세요.

남 그렇습니까? 알겠습니다. 아, 그리고 오늘 예약해서 오늘 주사를 맞을 수 있나요?

여 네, 오늘 오후는 예약이 비어 있어서요.

남 그럼 신청해 둘테니까…. 4시쯤 그쪽으로 가도 될까요?

여 4시쯤이요? 네, 괜찮아요.

남자는 이후, 어떻게 주사를 신청합니까?

1 팩스로 신청한다
2 전화로 신청한다
3 병원에 가서 신청한다
4 홈페이지에서 신청한다

정답 4

어휘 インフルエンザ 인플루엔자, 독감 | 予防注射 예방주사 | 病院 병원 | 申し込む 신청하다 | 医院 의원 | 申込書 신청서 | フォーム 폼, 양식 | 記入する 기입하다 | 注射を受ける 주사를 맞다 | 空く 비다, (시간이)나다

해설 남자는 독감 예방주사를 신청하려는 손님, 여자는 병원 직원. 남자가 독감 예방주사를 신청하는 방법을 찾는 문제이다. 전화나 팩스로는 신청 불가능 → 직접 방문 또는 홈페이지로 신청 → 남자는 신청을 해 둔다고 함. 따라서 정답은 4번이다.

확인문제 3

문제1. 문제1에서는 먼저 질문을 들으세요. 그리고 이야기를 듣고 문제지의 1~4 중에서 가장 적당한 것을 하나 고르세요.

1 ◎34

女の人が電話で男の人に道をたずねています。女の人は、これからどこへ行きますか。

女 あ、もしもし。さっき教えていただいたABC銀行のところまでは来たんですが、また道がわからなくなって。

여자가 전화로 남자에게 길을 묻고 있습니다. 여자는 지금부터 어디로 갑니까?

여 아, 여보세요. 아까 가르쳐 주셨던 ABC은행 있는 곳까지는 왔는데요. 또 길을 몰라서요.

男 ああ、今ABC銀行の前ですね。

女 はい。

男 それじゃ、道の向かい側に薬局があるんですが、見えますか。

女 薬局ですかぁ…。花屋は見えますが。

男 その花屋から10mほど…。

女 ああ、ありました、ありました。

男 うちの事務所はその薬局の裏側なんですが、今、私、花屋の2階の喫茶店にいるんです。事務所には今、誰もいませんので、こっちの方に来てくれますか。

女 あ、はい。わかりました。

女の人は、これからどこへ行きますか。

1 薬局
2 花屋
3 喫茶店
4 事務所

남 아〜, 지금 ABC은행 앞이시군요.

여 네.

남 그럼, 길 건너편에 약국이 있을 텐데요, 보입니까?

여 약국 말입니까…. 꽃집은 보이는데.

남 그 꽃집에서 10미터 정도….

여 아〜, 있어요, 있습니다.

남 저희 사무실은 그 약국 뒤쪽인데요, 지금 제가 꽃집 2층에 있는 찻집에 있어요. 사무실에는 지금 아무도 없으니까, 이쪽으로 와주시겠습니까?

여 아, 네. 알겠습니다.

여자는 지금부터 어디로 갑니까?

1 약국
2 꽃집
3 찻집
4 사무실

정답 3

어휘 電話 전화 | 道 길 | たずねる 묻다 | さっき 아까, 방금 | 教える 알려주다, 가르치다 | 銀行 은행 | 向かい側 맞은편 | 薬局 약국 | 見える 보이다 | 花屋 꽃집 | 事務所 사무소 | 裏側 뒤쪽 | 喫茶店 찻집

해설 지금 남자가 있는 곳은 꽃집 2층에 있는 '찻집'이다. 지금 사무실에는 아무도 없으니까 '이쪽으로 와 달라'고 부탁하고 있으므로 정답은 3번 찻집이다.

---

2 ◎35

コンビニで男の人が女の人に電話をしています。男の人は、何を買いますか。

男 もしもし、今コンビニ。ペットボトルのコーラ、大きいのがないんだけど、どうする？

女 うーん。じゃ、小さいの2個買ってきて。

男 サイダーならペットボトルの大きいやつあるんだけど。

女 そっか。じゃ、コーラやめて、それ1本だけ買ってきて。

男 うん、わかった。あと、缶コーヒーは？ 要らない？

女 私はいい。飲みたければ自分のだけ買ってきて。

男 うん。じゃ、僕のだけ買ってくね。

男の人は、何を買いますか。

편의점에서 남자가 여자에게 전화를 하고 있습니다. 남자는 무엇을 삽니까?

남 여보세요, 지금 편의점이야. 콜라 페트병은 큰 것이 없는데, 어떻게 할까?

여 음. 그럼, 작은 것 2개 사 와.

남 사이다는 페트병 큰 것 있는데.

여 그래? 그럼 콜라 말고, 그거 하나만 사 와.

남 응, 알았어. 그리고 캔 커피는? 필요 없어?

여 난 괜찮아. 마시고 싶으면 네 것만 사 와.

남 응. 그럼, 내 것만 사 갈게.

남자는 무엇을 삽니까?

1
2
3
4

정답 1

어휘 コンビニ 편의점 | ペットボトル 페트병 | 大きい 크다 | 小さい 작다 | 缶コーヒー 캔 커피 | 要らない 필요 없다 | 飲む 마시다 | 自分 자기 | 〜てく「〜ていく」의 축약형

해설 여자가 처음 부탁한 것은 큰 페트병의 콜라였지만 없어서 '큰 페트병의 사이다'를 사오라고 부탁한다. 이어 여자는 캔 커피가 필요 없다고 하며 남자는 자기 것만 사간다고 했으므로 정답은 1번이다.

3 ◎36

店が始まる前のレストランで、男の人とアルバイトの女の人が話しています。アルバイトの女の人は、このあと、まず何をしなければなりませんか。

女 おはようございます。
男 おはよう。早かったね、きょうは。
女 はい。きょうからアルバイトの時給、上がりますから。
男 そうか、それで張りきってるんだ。床ももう拭いたみたいだね。
女 はい。テーブルも拭きました。
男 そう、じゃ、今日は窓も拭こうか。
女 はい、わかりました。
男 あ、そうだ。きょうは太田君が午後からしか来られないんで、悪いけど…。
女 トイレの掃除ですね。ゆうべ太田さんから電話で頼まれました。
男 そう。じゃ、窓のほうが終わったら、やっといてね。
女 はい、わかりました。

女の人は、このあと、まず何をしなければなりませんか。
1 トイレを 掃除する
2 大田さんに 電話を する
3 テーブルを ふく
4 窓を ふく

가게가 시작되기 전 레스토랑에서 남자와 아르바이트생 여자가 이야기하고 있습니다. 아르바이트생 여자는 이후에 우선 무엇을 해야만 합니까?

여 안녕하세요.
남 안녕. 일찍 왔네, 오늘은.
여 네. 오늘부터 아르바이트 시급, 오르니까요.
남 그렇군, 그래서 의욕이 넘치는 거구나. 바닥도 벌써 다 닦은 것 같네.
여 네. 테이블도 닦았어요.
남 그래? 그럼, 오늘은 창문도 닦을까?
여 네, 알겠습니다.
남 아, 맞다. 오늘은 오오타 군이 오후에 나온다니까, 미안하지만….
여 화장실 청소 말이군요. 어젯밤에 오오타 씨가 전화로 부탁했어요.
남 그래? 그럼, 창문 쪽이 끝나면 해 둬.
여 네, 알겠습니다.

여자는 이후에 우선 무엇을 해야만 합니까?
1 화장실 청소를 한다
2 오오타 씨에게 전화를 한다
3 테이블을 닦는다
4 창문을 닦는다

어휘 店 가게 | 始まる 시작되다 | レストラン 레스토랑 | アルバイト 아르바이트 | 早い 이르다 | 時給 시급 | 上がる 오르다 | ~てる 「~ている」의 축약형 | 床 바닥 | 拭く 닦다 | テーブル 테이블 | 窓 창문 | 午後 오후 | ~ないんで 「~ないので」의 축약형 | 悪いけど 미안하지만 | トイレ 화장실 | 掃除 청소 | ゆうべ 어젯밤 | 頼まれる 부탁 받다 | 終わる 끝나다 | ~といて 「~ておいて」의 축약형

해설 아르바이트생 여자는 바닥과 테이블은 이미 닦았다고 이야기를 하고 있다. 남자는 여자에게 창문 닦을 것을 지시하였고, 창문 닦기가 끝나면 화장실 청소를 해 두라고 하였으므로 정답은 4번이다.

---

4 (37)

カルチャーセンターの教室で先生が話しています。学生が売店で、買わなければならないものは何ですか。

女 えー、明日は皆さんにオリジナルの絵はがきを作っていただきます。こういう絵の具と筆を使ってかくんですが、これはこちらで用意します。でも、1割引で販売もしますから、買ってくださってもいいです。練習用の紙はこれです。これは、20枚で100円ですので、すみませんが入り口の横の売店でお買い求めください。練習の後で本物のはがきにかいていただきますが、はがきは売店にありませんので、皆さんでご用意ください。

学生が売店で、買わなければならないものは何ですか。

1 はがき
2 紙
3 紙と はがき
4 絵の具と ふでと 紙

문화센터 교실에서 선생님이 이야기하고 있습니다. 학생이 매점에서 사야 하는 것은 무엇입니까?

여 음, 내일은 여러분이 오리지널 그림 엽서를 만들게 됩니다. 이러한 그림 물감과 붓을 사용해서 그리는데, 이것은 여기에서 준비하겠습니다. 그렇지만, 10퍼센트 할인된 가격으로 판매도 하고 있으니까, 사 주셔도 됩니다. 연습용 종이는 이것입니다. 이것은 20장에 100엔이므로 죄송하지만, 입구 옆 매점에서 구입해 주세요. 연습 후에 실제 엽서에 그려 주셔야 하는데, 엽서는 매점에 없으니까 여러분이 준비해 주세요.

학생이 매점에서 사야 하는 것은 무엇입니까?

1 엽서
2 종이
3 종이와 엽서
4 그림 물감과 붓과 종이

어휘 オリジナル 오리지널 | 絵はがき 그림 엽서 | 絵の具 그림 물감 | 筆 붓 | 用意する 준비하다 | 1割引 10퍼센트 할인 | 販売 판매 | 練習用 연습용 | 紙 종이 | 入り口 입구 | 売店 매점 | お買い求めください 구입해 주십시오 | 本物 진품, 진짜

해설 학생이 매점에서 사야 하는 것을 찾는 문제이다. 그림 엽서를 수업시간에 만들게 되는데 필요한 재료는 그림 물감과 붓, 연습용 종이, 엽서. 이 중 그림 물감과 붓은 문화센터에 준비되어 있다고 했고 연습용 종이는 매점에서 구입하도록 말했다. 엽서는 매점에 없으므로 별도로 구매. 중요한 포인트로 매점이라는 장소가 조건으로 나왔으므로 구입해야 할 것 중 매점에서 구입해야 하는 것은 연습용 종이만 해당한다. 따라서 정답은 2번이다.

5 ◎ 38

近くに住んでいる女の人と男の人が道で会って話しています。男の人は、このあとどうしますか。

女　ああ、ヤンさん。どっか出かけるの？

男　あ、友達が遊びに来るので、駅まで迎えに…。

女　そう。じゃ、駅の帰りにうちに寄って、本持って行って。ほら、このあいだ貸してほしいって言ってたでしょう。英語の本。

男　ああ、そうそう。ありがとう。あ、あの、2時間ぐらいあとで行ってもいいですか。駅の近くで友達とお昼食べて来るかもしれないので。

女　うーん。じゃあ、夕方取りに来て、5時ごろ。私もちょっと出かけるので。

男　じゃあ、今行ってもいいですか？

女　うん。いいわよ。でも、友達迎えに行くんでしょ。

男　大丈夫、大丈夫。まだ時間ありますから。

男の人は、このあとどうしますか。
1　友だちを　駅まで　送りに　いく
2　友だちと　昼ごはんを　食べる
3　女の人の　家に　本を　借りに　いく
4　自分の　家に　本を　取りに　いく

이웃에 살고 있는 여자와 남자가 길에서 만나 이야기하고 있습니다. 남자는 이후에 어떻게 합니까?

여　아~, 양 씨. 어디 외출하는 거야?

남　아, 친구가 놀러 와서, 역까지 마중하러….

여　그래? 그럼, 역에서 돌아오는 길에 우리 집에 들러서 책 가져가. 왜 있잖아. 얼마 전에 빌려줬으면 좋겠다고 말했었잖아. 영어책.

남　아~, 맞다. 고마워. 아, 저기~ 2시간 정도 후에 가도 될까요? 역 근처에서 친구와 점심 먹고 올지도 몰라서.

여　응. 그럼, 저녁에 가지러 와, 5시쯤. 나도 잠시 외출할 거라서.

남　그럼, 지금 가도 될까요?

여　응. 좋아. 하지만, 친구 마중하러 갈 거잖아?

남　괜찮아요. 아직 시간 있으니까.

남자는 이후에 어떻게 합니까?
1　역까지 친구를 배웅하러 간다
2　친구와 점심을 먹는다
3　여자 집에 책을 빌리러 간다
4　자신의 집에 책을 가지러 간다

정답　3

어휘　近く 근처 | 住む 살다 | 会う 만나다 | どっか 「どこか(어딘가)」의 회화체 | 友達 친구 | 遊ぶ 놀다 | 駅 역 | 迎える 마중하다 | 寄る 들르다 | 持って行く 가지고 가다 | 貸す 빌려주다 | ～てた 「～ていた」의 축약형 (言ってた : 말했어) | 英語の本 영어책 | 夕方 저녁 때 | 取りに来る 가지러 오다 | 大丈夫だ 괜찮다, (시간이)나다

해설　남자는 역으로 친구를 마중하러 가는 길에 여자를 만나 전에 빌리기로 한 책을 가져가라는 말을 듣는다. 2시간 후에 가지러 가고 싶었으나 여자가 외출할거라 5시쯤에 오라고 했고, 남자는 '지금 가도 되냐'고 물었고 여자도 좋다고 했으므로 '여자의 집에 책을 빌리러 간다'는 3번이 정답이다.

6 ◎ 39

会社で女の人と男の人が話しています。男の人は、何時に会社を出ますか。

女　あれ？きょう、お客さん来るんでしょ、中国から。空港に行かなくていいの？

男　5時半到着の飛行機ですから、まだ…。

女　何言ってるのよ。飛行機って、予定より早く着くこともあるし、空港が空いてたら、お客さんも早く

회사에서 여자와 남자가 이야기하고 있습니다. 남자는 몇 시에 회사를 나갑니까?

여　어? 오늘 손님 오시지, 중국에서. 공항에는 안 가도 돼?

남　5시 반 도착 비행기라서 아직….

여　무슨 말하는 거야. 비행기라는 것은 예정보다 빨리 도착하는 경우도 있고, 공항이 한산하면 손님도 빨리 나오고…. 안 돼, 벌써 4시야. 반에는 나가야지. 반에는.

出てくるし…。だめだめ、もう4時よ。半には出なさい。半には。

男 5時ごろ出ても大丈夫だと思いますけど。

女 だめよ、5時半には空港に着いて待ってないと。

男 はい。じゃあ、そうします。

男の人は、何時に会社を出ますか。

1 4時
2 4時半
3 5時
4 5時半

남 5시 쯤 나가도 괜을 것 같은데요.
여 안 돼, 5시 반에는 공항에 도착해서 기다리고 있어야지.
남 네. 그럼, 그렇게 하겠습니다.

남자는 몇 시에 회사를 나갑니까?

1 4시
2 4시 반
3 5시
4 5시 반

정답 2

어휘 空港 공항 | 到着 도착 | 飛行機 비행기 | ～てる「～ている」의 축약형 | ～って「～というのは」의 축약형 (～라는 것은) | 予定 예정 | 着く 도착하다 | ～てたら「～ていたら」의 축약형

해설 남자가 손님을 마중하기 위해 회사를 나가야 하는 시간을 찾는 문제이다. 시간 표현에 주의하면서 들어야 한다. 손님이 공항에 도착하는 시간 5시 반, 현재 4시, 반에는 나가라고 하는 말이 가장 핵심이다. 남자는 5시에 나가려고 했지만, 여자의 '그 시간에는 너무 늦는다'는 말에 알겠다고 대답을 했으므로, 남자가 나가는 시간은 4시 반이다. 따라서 정답은 2번이다.

問題2 포인트이해

대화나 혼자 말하는 내용을 듣고 포인트를 파악하는 문제이다.

상황 설명과 문제를 듣는다 ➡

선택지를 읽는다(문제지에 인쇄된 선택지 읽을 시간이 주어짐) ➡

본문 대화를 듣는다 ➡ 다시 한 번 문제를 듣는다 ➡

문제지에 인쇄된 선택지를 보고 정답을 고른다

問題2　問題2では、まず質問を聞いてください。そのあと、問題用紙
　　　　のせんたくしを読んでください。読む時間があります。それか
　　　　ら話を聞いて、問題用紙の1から4の中から、最もよいものを一
　　　　つ選んでください。

れい
1 安（やす）くておいしいからです。
2 パンを店（みせ）でやいているからです。
3 野菜（やさい）が新（あたら）しいです。
4 肉（にく）がやわらかいからです。

포인트

먼저 질문이 나오므로 무엇을 묻는지 확실하게 체크해 두는 것이 중요하다. 질문의 형
태는 육하원칙(누가, 언제, 어디서, 무엇을, 어떻게, 왜)이 모두 나올 가능성이 있으나,
6개 문항 중 절반 정도가 이유나 원인을 묻는 문제가 나올 것이다.

학습요령

〈問題2〉는 문제지에 인쇄된 선택지를 보고 정답을 미리 예상하는 것도 좋은 방법이기
는 하지만, 그보다는 문제의 지시사항을 집중하여 들으면서 메모를 하자. 문제의 지시
가 육하원칙 중 「どうして(왜)」를 묻는다면 다른 내용이 나오더라도 「どうして(왜)」에
집중하여 답을 찾도록 하자.

問題2 問題2では、まず質問を聞いてください。そのあと、問題用紙を見てください。読む時間があります。それから話を聞いて、問題用紙の1から4の中から、最もよいものを一つ選んでください。

1 ◎ 40

1 形が　こわれたから
2 色が　いやだから
3 つかい方が　むずかしいから
4 あたらしいのが　出たから

2 ◎ 41

1 びょういんに　行くから
2 買いものを　するから
3 遠いところに　行くから
4 お昼ごはんを　食べるから

3 ◎ 42

1 8月
2 9月
3 10月
4 12月

4 ◎ 43

   1　4時間
   2　6時間
   3　8時間
   4　9時間

5 ◎ 44

   1　動物園
   2　映画館
   3　山
   4　デパート

6 ◎ 45

   1　木曜日の　夜7時ごろ
   2　金曜日の　夜7時ごろ
   3　金曜日の　午前10時ごろ
   4　土曜日の　午前10時ごろ

問題2 問題2では、まず質問を聞いてください。そのあと、問題用紙を見てください。読む時間があります。それから話を聞いて、問題用紙の1から4の中から、最もよいものを一つ選んでください。

---

1 ◎ 46

1 おなかが　すいて　いないからです

2 お父さんと　いっしょに　食べたいからです

3 好きじゃないからです

4 冷たくなって　しまったからです

---

2 ◎ 47

1 男の人が　パーティーに　来なかったから

2 男の人が　ロビーに　来なかったから

3 男の人が　遅れて　来たから

4 男の人が　さきに　帰ったから

---

3 ◎ 48

1 大きい辞書が　ないから

2 時間が　たりないから

3 フランス語を　習った　ことが　ないから

4 難しい　ことばが　多すぎるから

4 ◎ 49

1 男_{おとこ}の人_{ひと}の　おくさん

2 男_{おとこ}の人_{ひと}の　ちちおや

3 男_{おとこ}の人_{ひと}の　むすこ

4 男_{おとこ}の人_{ひと}の　むすめ

5 ◎ 50

1 電車_{でんしゃ}を　乗_のりまちがえる

2 友_{とも}だちが　少_{すく}ない

3 えいぎょうのしごとを　する

4 会社_{かいしゃ}が　家_{いえ}から　とおい

6 ◎ 51

1 大_{おお}きな　声_{こえ}で　話_{はな}す

2 やさしい　ことばで　上手_{じょうず}に　話_{はな}す

3 おもしろい　テーマを　選_{えら}ぶ

4 みんなで　点数_{てんすう}を　つける

問題2 問題2では、まず質問を聞いてください。そのあと、問題用紙を見てください。読む時間があります。それから話を聞いて、問題用紙の1から4の中から、最もよいものを一つ選んでください。

1 ◎ 52

1 喫茶店
2 パン屋
3 マンション
4 本屋

2 ◎ 53

1 ことばを 話すこと
2 手を 使って 物を 運ぶこと
3 ゆっくり 歩くこと
4 階段を 上ったり 下りたりすること

3 ◎ 54

1 かっこいいから
2 疲れが とれるから
3 恋人から もらったから
4 人気が あるから

4 ◎ 55

1 気に入ったものが　なかったから

2 ワイシャツを　たくさん　買ったから

3 安いものが　なくなったから

4 買いたいものが　売りきれて　しまったから

5 ◎ 56

1 食事を　おごる

2 スキーに　行く

3 お金を　返す

4 映画を　見る

6 ◎ 57

1 同じものばかり　食べるから

2 好きな食べ物が　多すぎるから

3 やさいや　くだものを　ぜんぜん　食べないから

4 カップめんばかり　食べるから

확인문제 1

문제2. 문제2에서는 먼저 질문을 들으세요. 그 후 문제지를 보세요. 읽을 시간이 있습니다. 그리고나서 이야기를 듣고 문제지의 1~4 중에서 가장 적당한 것을 하나 고르세요.

1 ◎40

男の人と女の人が話しています。女の人はどうして携帯電話を変えたいですか。

女　日曜日、携帯電話買いに行くんだけど、一緒に行かない？

男　いいよ。今使っているのが、こわれたの？

女　ううん。色も形も好きだけど、使い方がむずかしいんだ。

男　そう。このごろ、新しいのがたくさん出ているよね。

女　うん。お店でいろいろ見て、簡単なのがあったら買おうと思って。

男　いいのがあったら、ぼくも買おうかな。

女の人は、どうして携帯電話を変えたいですか。

1　形が　こわれたから

2　色が　いやだから

3　つかい方が　むずかしいから

4　あたらしいのが　出たから

남자와 여자가 이야기하고 있습니다. 여자는 왜 휴대전화를 바꾸고 싶습니까?

여　일요일에 휴대전화 사러 가는데, 같이 안 갈래?

남　좋아. 지금 사용하고 있는 것은 고장 났어?

여　아니. 색도 모양도 좋지만, 사용법이 어려워.

남　그래. 요즘 새로운 것이 많이 나와 있지.

여　응. 매장에서 여러 가지 보고 간단한 것이 있으면 사려고.

남　좋은 것이 있으면, 나도 살까~.

여자는 왜 휴대전화를 바꾸고 싶습니까?

1　모양이 망가져서

2　색이 싫어서

3　사용법이 어려워서

4　새로운 것이 나와서

정답　3

어휘　携帯電話 휴대전화 | 一緒に 함께 | 色 색 | 形 모양 | 使い方 사용방법 | 難しい 어렵다 | 新しい 새롭다 | 簡単だ 간단하다

해설　여자가 휴대전화를 바꾸는 이유? → 사용법이 어렵다고 했고 가게에서 간단한 것이 있으면 사야겠다고 말했다.

2 ◎41

女の人と男の人が話しています。女の人は、どうして急いでいますか。

女　あ、もうこんな時間！早く出かけなくちゃ。

男　え、まだ11時だよ。買い物の約束は2時って、言ってたじゃない？遠くまで行くの？

女　ううん、約束の前に駅の近くの病院に行こうと思って。

男　ああ、午後は休みだから午前中に行くの？

女　ううん、やってるけど、お昼の時間はお休みだから。

여자와 남자가 이야기하고 있습니다. 여자는 왜 서두릅니까?

여　아, 벌써 시간이 이렇게 됐네. 빨리 나가야 해.

남　어, 아직 11시야. 쇼핑 약속은 2시라고 하지 않았어? 멀리까지 가는 거야?

여　아니, 약속 전에 역 근처 병원에 가려고.

남　아~, 오후는 휴진이라 오전 중에 가는 거야?

여　아니, 하는데…, 점심시간은 휴식 시간이라서.

男　なーんだ。

女の人は、どうして急いでいますか。
1 びょういんに　行くから
2 買いものを　するから
3 遠いところに　行くから
4 お昼ごはんを　食べるから

남 뭐야～.

여자는 왜 서두릅니까?
1 병원에 가기 때문에
2 쇼핑을 하기 때문에
3 먼 곳에 가기 때문에
4 점심을 먹기 때문에

정답 1

어휘 急ぐ 서두르다 | 買い物 쇼핑, 장보기 | 約束 약속 | 遠い 멀다 | 駅 역 | 病院 병원 | 休み 쉬는(휴식) 시간

해설 여자가 서두르는 이유? → 약속은 2시이지만 점심 휴식 시간 전에 병원에 가기 위해 서두르고 있다.

---

3 ◎42

会社で男の人と女の人が話しています。社員旅行には、いつ行きますか。

男　社員旅行、いつがいいですかねえ。
女　8月はどうですか。みんなで海行ったりして。
男　8月は夏休みがありますから、違う月がいいですよ。
女　そうですね。じゃ、秋は？
男　うーん。9月はみんな仕事が忙しいですからねえ。あ、でも10月ならいいですね。
女　そうですね。あと、12月なんかはどうですか。
男　12月でもいいですけど、ちょっと寒いかもしれませんよ。
女　じゃ、やっぱり秋にしましょうか。

社員旅行には、いつ行きますか。
1 8月
2 9月
3 10月
4 12月

회사에서 남자와 여자가 이야기하고 있습니다. 사원 여행은 언제 갑니까?

남 사원 여행, 언제가 좋을까요?
여 8월은 어떻습니까? 모두 함께 바다에 가거나.
남 8월은 여름 휴가가 있으니까, 다른 달이 좋겠어요.
여 그렇군요. 그럼, 가을은요?
남 응, 9월은 모두 일이 바쁘기 때문에 아, 그래도 10월이라면 괜찮아요.
여 그렇군요. 그리고 12월은 어떻습니까?
남 12월도 좋지만 좀 추울지도 모르겠군요.
여 그럼, 역시 가을로 할까요?

사원 여행은 언제 갑니까?
1 8월
2 9월
3 10월
4 12월

정답 3

어휘 会社 회사 | 社員旅行 사원 여행 | 海 바다 | 夏休み 여름휴가 | 違う 다르다 | 仕事 일 | 忙しい 바쁘다 | 寒い 춥다 | 秋 가을

해설 언제 사원을 여행 가나? → 8월은 여름휴가가 있어서 다른 달이 좋겠다라고, 가을은 9월이 바쁘고 10월이라면 괜찮다고 했으며 12월은 춥다고 가을로 결정했다.

男の人と女の人が話しています。女の人は毎日どのぐらい寝ますか。

男 はあ…。

女 あら、眠いんですか。

男 ええ。きのう4時間しか寝てないんです。3時までテレビを見ていて…。

女 それはつらいですね。大人は6、7時間寝るのが一番いいそうですよ。私は8時間ぐらい寝ますけど。

男 私も毎日9時間は寝ているので、今日はもう仕事ができません。

女 それは困りましたね。

女の人は毎日何時間ぐらい寝ますか。
1 4時間
2 6時間
3 8時間
4 9時間

남자와 여자가 이야기하고 있습니다. 여자는 매일 어느 정도 잡니까?

남 하아….

여 어머, 졸려요?

남 네, 어제 4시간밖에 안 잤어요. 3시까지 텔레비전을 봐서….

여 정말 괴롭겠네요. 어른은 6, 7시간 자는 것이 제일 좋다고 해요. 저는 8시간 정도 자요.

남 저도 매일 9시간은 자기 때문에 오늘은 일을 더 할 수 없습니다.

여 이거 정말 곤란하네요.

여자는 매일 어느 정도 잡니까?
1 4시간
2 6시간
3 8시간
4 9시간

정답 3

어휘 寝る 자다 | 眠い 졸리다 | つらい 괴롭다 | 困る 곤란하다

해설 여자의 매일 수면시간은? → 어른의 수면시간이 6~7시간이고, 여자는 8시간 정도 수면한다고 했다.

男の人と女の人が話しています。日曜日が雨のとき、男の人はどこに行きますか。

女 日曜日は、家族で出かけるんですよね。動物園に行くんでしたっけ？

男 いや、山に行くんです。

女 あ、そうなんですか。でも、雨がふったら困りますね。

男 ええ。それで、デパートか映画館にしようと思ったんですが、子どもたちが山がいいって言うんです。

女 そうですか。じゃ、雨でも山に行くんですか。

男 いや、そのときは、映画を見ることにしました。

남자와 여자가 이야기하고 있습니다. 일요일에 비가 오면 남자는 어디에 갑니까?

여 일요일에는 가족과 함께 외출하죠? 동물원에 간다고 했던가요?

남 아뇨, 산에 갑니다.

여 아, 그렇습니까? 근데, 비가 내리면 곤란하겠네요.

남 네, 그래서 백화점이나 영화관에 가려고 했는데, 아이들이 산이 좋다고 해서요.

여 그렇습니까? 그럼, 비가 와도 산에 가는 겁니까?

남 아뇨, 그 경우엔 영화를 보기로 했습니다.

日曜日が雨のとき、男の人はどこに行きますか。
1 動物園
2 映画館
3 山
4 デパート

일요일에 비가 오면 남자는 어디에 갑니까?
1 동물원
2 영화관
3 산
4 백화점

정답 2

어휘 雨 비｜家族 가족｜出かける 나가다, 외출하다｜動物園 동물원｜山 산｜降る 내리다｜映画館 영화관

해설 일요일에 비가 내리는 경우 남자가 가는 곳은? → 남자가 산에 간다고 하니 여자가 비가 오면 곤란하지 않겠냐고 물었고, 비가 오면 영화관에 갈 거라고 남자가 대답했다.

6 ◎ 45

男の人と女の店員が話しています。男の人は荷物をいつ送ってもらいますか。

女　ありがとうございます。お荷物は何日に送りましょうか。いちばん早くても来週木曜日になりますが…。

男　木曜日だったら、何時ごろ着きますか。

女　夜7時ごろですね。

男　ああ、まだ帰ってないかもしれないな。金曜もいないし…。じゃ、その次の日の午前は？

女　はい、大丈夫です。10時ごろでも大丈夫でしょうか。

男　大丈夫です。

남자와 여자 점원이 이야기하고 있습니다. 남자는 짐을 언제 받습니까?

여　감사합니다. 짐은 며칠에 보내드릴까요? 가장 빨라도 다음 주 목요일이 됩니다만….

남　목요일이라면, 몇 시쯤 도착합니까?

여　저녁 7시 무렵입니다.

남　아아, 아직 돌아오지 않았을지도 몰라. 금요일도 없고…. 그럼, 그 다음 날 오전은요?

여　네, 괜찮습니다. 10시쯤이라도 괜찮습니까?

남　괜찮습니다.

男の人は荷物をいつ送ってもらいますか。
1 木曜日の　夜7時ごろ
2 金曜日の　夜7時ごろ
3 金曜日の　午前10時ごろ
4 土曜日の　午前10時ごろ

남자는 짐을 언제 받습니까?
1 목요일 저녁 7시 무렵
2 금요일 저녁 7시 무렵
3 금요일 오전 10시 무렵
4 토요일 오전 10시 무렵

정답 4

어휘 店員 점원｜荷物 짐｜送る 보내다｜着く 도착하다｜大丈夫だ 괜찮다

해설 남자는 짐을 언제 받나? → 목요일이라면 저녁 7시에 도착하는데 아직 돌아오지 않았을지도 모르기 때문에 안된다라고 했고 금요일도 없고 그 다음날(토요일) 아침 10시는 가능하다고 했다.

문제2. 문제2에서는 먼저 질문을 들으세요. 그 후 문제지를 보세요. 읽을 시간이 있습니다. 그리고나서 이야기를 듣고 문제지의 1~4 중에서 가장 적당한 것을 하나 고르세요.

1 (◎) 46

お母さんが男の子と話しています。男の子はどうして食べないのですか。

女 けん君、どうして食べないの？おなかすいてないの？

男 お父さん、まだかな～。今日は早く帰るって言っていたよね。おなかすいたなあ。

女 お父さんは何時に帰ってくるかわからないわよ。これ、おいしいよ。きらいじゃないでしょ？

男 うん、大好きだよ。

女 じゃ、早く食べましょう。冷たくなっちゃうわよ。

男 う～ん。

엄마가 남자 아이와 이야기하고 있습니다. 남자 아이는 왜 안 먹는 겁니까?

여 켄 군, 왜 안 먹어? 배 안 고프니?

남 아빠, 아직인가~. 오늘은 일찍 온다고 말했었지? 배고프다.

여 아빠는 몇 시에 올지 몰라. 이거, 맛있어. 싫어하지 않잖아.

남 응, 되게 좋아해.

여 그럼, 빨리 먹자. 식어 버리겠다.

남 응~.

男の子はどうして食べないのですか。

1 おなかが　すいて　いないからです

2 お父さんと　いっしょに　食べたいからです

3 好きじゃないからです

4 冷たくなって　しまったからです

남자 아이는 왜 안 먹지 않습니까?

1 배가 고프지 않기 때문입니다

2 아버지와 함께 먹고 싶기 때문입니다

3 좋아하지 않기 때문입니다

4 식었기 때문입니다

정답 2

어휘 お腹すく 배고프다 | 帰る 돌아가(오)다 | きらいだ 싫어하다 | 大好きだ 아주 좋아하다 | 冷たい 차다

해설 남자 아이가 밥을 안 먹는 이유? → 배고픈 상태에 아주 좋아하는 음식이고 식기 전이지만 아빠가 오길 기다렸다는 것을 알 수 있으며 결국 함께 먹고 싶기 때문이다.

---

2 (◎) 47

女の人が、ホテルのロビーで男の人に電話をしています。女の人が怒っているのは、なぜですか。

女 もしもし、今どこなの？もうパーティー始まってるよ。

男 え？中にいるよ、どこなの？田中さんは？

女 ひどーい！1階のロビーで会う約束だったでしょ。

男 なんだ、まだロビーにいたのか。先に3階に行っちゃったかと思って…。

女 そんなことないでしょ。私、さっきからずっと待ってたのよ。

여자가 호텔 로비에서 남자에게 전화를 하고 있습니다. 여자가 화내고 있는 것은 어째서입니까?

여 여보세요, 지금 어디야? 벌써 파티 시작됐어.

남 어? 안에 있어. 어디야? 다나카 씨는?

여 너무해! 1층 로비에서 만나기로 약속했잖아.

남 뭐야, 아직 로비에 있었어? 먼저 3층에 가 버린 줄 알고….

여 그럴 리가 없잖아. 나 아까부터 쭉 기다리고 있었단 말이야.

男 ごめん、ごめん。遅れて来たから、中に入ったんだと思って。早く3階に上がってきてよ。パーティー始まってるよ。

女 もー！

女の人が怒っているのは、なぜですか。
1 男の人が パーティーに 来なかったから
2 男の人が ロビーに 来なかったから
3 男の人が 遅れて 来たから
4 男の人が さきに 帰ったから

남 미안 미안. 늦게 와서 안에 들어갔을 줄 알고, 빨리 3층으로 올라 와. 파티 시작됐어.

여 아휴, 짜증나.

여자가 화내고 있는 것은 어째서입니까?
1 남자가 파티에 오지 않았기 때문에
2 남자가 로비에 오지 않았기 때문에
3 남자가 늦게 왔기 때문에
4 남자가 먼저 돌아갔기 때문에

정답 2

어휘 怒る 화내다 | ひどい 너무하다, 심하다 | さっき 아까, 조금 전 | ずっと 쭉, 계속 | 遅れる 늦다, 지각하다

해설 1층 로비에서 만나기로 함 → 남자가 오지 않자 전화를 걸음 → 남자는 벌써 파티장 안에 가 있음 → 여자는 로비에서 계속 기다리고 있었는데 남자가 오지 않았으므로 화가 났다는 것을 알 수 있다.

---

3 ◎48

会社で、男の人と女の人が話しています。女の人は、どうして無理だと言っていますか。

男 どう？だいぶ出来た？
女 これは、ちょっと無理ですね。私には。難しい言葉が多すぎて。
男 辞書みながらやってもだめ？
女 この大きい辞書も見ながら、やってるんですけど…。
男 ちょっと時間かかってもいいから、やってみてよ。うちの会社でフランス語わかるのは、君しかいないんだから。
女 ええ。でも、やっぱり無理みたいですけど…。

女の人は、どうして無理だと言っていますか。
1 大きい辞書が ないから
2 時間が たりないから
3 フランス語を 習ったことが ないから
4 難しいことばが 多すぎるから

회사에서 남자와 여자가 이야기하고 있습니다. 여자는 어째서 무리라고 말하고 있습니까?

남 어때? 다 돼 가?
여 이건 좀 무리네요. 저로서는. 어려운 단어가 너무 많아서.
남 사전 보면서 해도 안 돼?
여 이 큰 사전도 보면서 하고는 있지만….
남 좀 시간이 걸려도 괜찮으니까 해 봐. 우리 회사에서 프랑스어 아는 사람은 자네 밖에 없으니까.
여 네. 하지만 역시 무리같은데요….

여자는 어째서 무리라고 말하고 있습니까?
1 큰 사전이 없기 때문에
2 시간이 부족하기 때문에
3 프랑스어를 배운 적이 없기 때문에
4 어려운 단어가 너무 많기 때문에

정답 4

어휘 無理 무리 | だいぶ 꽤, 많이, 상당히 | 出来る 완성되다 | 言葉 말, 단어 | 辞書 사전 | やる 하다 | 時間がかかる 시간이 걸리다 | 君 자네, 너 | ～しか ～밖에

해설 여자가 무리라고 말하는 이유는 여자의 말 「ちょっと無理ですね。私には。難しい言葉が多すぎて。 (좀 무리네요. 저로서는 어려운 단어가 너무 많아서.)」에서 '어려운 단어가 너무 많기 때문'라는 것을 알 수 있다.

4 🔊 **49**

会社で、女の人と男の人が話しています。男の人の
ネクタイは誰からのプレゼントですか。

女 部長、今日のネクタイすてきですね。

男 そう？ありがとう。

女 奥様がお選びになったんですか。

男 ああ。父の日のプレゼントなんだよ。

女 へー。じゃあ、お子さんが買ってくれたんですか。

男 ま、そうなんだけど、うちは男の子でね、まだ中
学1年生だから、選んだのは家内だと思うね。

女 そうですか。本当によくお似合いですよ！

男の人のネクタイは誰からのプレゼントですか。

1 男の人のおくさん
2 男の人のちちおや
3 男の人のむすこ
4 男の人のむすめ

회사에서 여자와 남자가 이야기하고 있습니다. 남자의 넥타이
는 누구한테 받은 선물입니까?

여 부장님, 오늘 넥타이 멋지세요.

남 그래? 고마워.

여 사모님이 고르신 거예요?

남 아, 아버지날 선물이야.

여 어머, 그럼 자제분이 사 드린 거예요?

남 뭐, 그런 거지만 우리 집 아이는 남자 아이고 아직 중학교 1
학년이라서 고른 건 집사람인 것 같아.

여 그래요? 정말 잘 어울리세요!

남자의 넥타이는 누구한테 받은 선물입니까?

1 남자의 부인
2 남자의 아버지
3 남자의 아들
4 남자의 딸

정답 3

어휘 ネクタイ 넥타이 | プレゼント 선물 | 部長 부장 | 奥様(奥さん) 남의 아내를 높여 부르는 말, 부인 | 父の日
아버지의 날 | 中学1年生 중학교 1학년 | 選ぶ 고르다 | 家内 (자기의) 아내 | お似合い 잘 어울림

해설 남자에게 누가 넥타이를 선물했는지를 찾는 문제이다. 「父の日のプレゼントなんだよ(아버지의 날 선물이
야)」와 「うちは男の子でね(우리 집 아이는 남자아이고)」에서 넥타이는 아들한테 받은 선물이라는 것을 알 수 있다.

5 🔊 **50**

ある勉強会で男の人が自己紹介をしています。男の
人が困っていることは何ですか。

男 はじめまして。前田すすむです。私の家は北海道
のいなかで、いままで東京には来たこともありま
せんでした。それが、今年の春から東京の会社に
就職して、営業の仕事をすることになったんで
すが、毎日電車を乗り間違えて苦労しています。
東京の電車や地下鉄の路線は本当に複雑で困りま
す。友達は多いほうですが、こちらにはまだ友達
がいないので、この勉強会で早くいい友達を見つ
けたいと思います。どうぞ、よろしく。

어느 공부 모임에서 남자가 자기소개를 하고 있습니다. 남자가
곤란해하고 있는 것은 무엇입니까?

남 처음 뵙겠습니다. 마에다 스스무입니다. 제 본가는 홋카이
도의 시골로 지금까지 도쿄에는 와 본 적도 없었습니다. 그
러다가 올 봄부터 도쿄의 회사에 취직해서 영업관련 일을
하게 되었습니다만, 매일 전철을 잘못 타서 고생을 하고 있
습니다. 도쿄에 있는 전철이나 지하철 노선은 정말로 복잡
해서 힘듭니다. 친구는 많은 편입니다만 이쪽에는 아직 친
구가 없어서 이 공부 모임에서 빨리 좋은 친구를 찾고 싶습
니다. 잘 부탁합니다.

男の人が困っていることは何ですか。
1 電車を　乗りまちがえる
2 友だちが　少ない
3 えいぎょうの　しごとを　する
4 会社が　家から　とおい

남자가 곤란해하고 있는 것은 무엇입니까?
1 전철을 잘못 탄다
2 친구가 적다
3 영업 일을 한다
4 회사가 집에서 멀다

정답 1

어휘 勉強会 공부 모임 | 自己紹介 자기소개 | 困る 곤란하다 | いなか 시골, 고향 | 春 봄 | 就職 취직 | 営業 영업 | 仕事 일 | 毎日 매일 | 電車 전철 | 乗り間違える 잘못 타다 | 苦労 고생 | 地下鉄 지하철 | 路線 노선 | 複雑だ 복잡하다 | 見つける 발견하다, 찾다

해설 도쿄의 전철과 지하철 노선이 복잡해서 매일 전철을 잘못 타고 있는 점이 남자를 곤란하게 하고 있다. 따라서 1번이 정답이다.

6 🎧 51

教室で、先生が話しています。先生は、来週のスピーチコンテストでは何が一番大事だと言っていますか。

女 来週の授業は、クラスでスピーチコンテストをすることにします。スピーチのテーマは、今から配る紙に3つ書いてありますから、好きなものを1つ選んでください。時間は一人5分。話す内容は全部覚えてきてください。それから、点数をつけるのは私じゃありません。皆さんです。ですから、来週のスピーチコンテストでは、やさしい言葉で上手に話すことが一番大事です。話がいくらおもしろくても、難しい言葉が多かったり、声が小さかったりしては聞いているみんなにわかってもらえません。いいですね。

先生は、来週のスピーチコンテストでは何が一番大事だと言っていますか。
1 大きな声で　話す
2 易しいことばで　上手に　話す
3 おもしろいテーマを　選ぶ
4 みんなで　点数を　つける

교실에서 선생님이 이야기하고 있습니다. 선생님은 다음 주 스피치 콘테스트에서는 무엇이 가장 중요하다고 말하고 있습니까?

여 다음 주 수업은 반에서 스피치 콘테스트를 하기로 했습니다. 스피치 테마는 지금부터 나눠주는 종이에 세 개 적혀 있으니까 좋아하는 것을 하나 고르세요. 시간은 한 사람에 5분. 이야기할 내용은 전부 외워 오세요. 그리고 점수를 매기는 사람은 제가 아닙니다. 여러분입니다. 그러니까 다음 주 스피치 콘테스트에서는 쉬운 말로 능숙하게 이야기하는 것이 가장 중요합니다. 이야기가 아무리 재미있더라도 어려운 단어가 많다든지 목소리가 작거나 해서는 듣고 있는 모두가 모릅니다. 알았죠?

선생님은 다음 주 스피치 콘테스트에서는 무엇이 가장 중요하다고 말하고 있습니까?
1 큰소리로 이야기한다
2 쉬운 말로 유창하게 이야기한다
3 재미있는 테마를 고른다
4 모두가 점수를 매긴다

정답 2

어휘 来週 다음 주 | スピーチコンテスト 스피치 콘테스트 | 大事だ 중요하다 | 授業 수업 | テーマ 테마 | 配る 나눠주다 | 紙 종이 | 好きだ 좋아하다 | 選ぶ 선택하다 | 内容 내용 | 全部 전부, 모두 | 覚える 기억하다

해설 선생님은 '다음 주 스피치 콘테스트에서는 쉬운 말로 유창하게 이야기하는 것이 가장 중요하다'고 말하고 있다. 그러므로 정답은 2번이다.

문제2. 문제 2에서는 먼저 질문을 들으세요. 그 후 문제지를 보세요.. 그리고나서 이야기를 듣고 문제지의 1~4 중에서 가장 적당한 것을 하나 고르세요.

1 ◎52

男の人と女の人が話しています。大学の前に新しくできたものは何ですか。

男　昨日さ、久しぶりに大学いったんだけど、大学の前変わっててびっくりしたよ～。

女　まあ、卒業して5年だもんね。

男　大学の前に喫茶店あったじゃない？ となりがパン屋で。

女　うんうん、覚えてる。

男　そこ、マンションになってたんだよ。

女　へえ～。パン屋のとなりの本屋は？

男　ああ、あそこも新しくなってた。ま、外だけで中はあんまり変わってなかったけど。

女　そっか～。5年もたつと、やっぱりあちこち変わっちゃうんだねぇ。

大学の前に新しくできたものは何ですか。

1 喫茶店
2 パン屋
3 マンション
4 本屋

남자와 여자가 이야기하고 있습니다. 대학 앞에 새로 생긴 것은 무엇입니까?

남　어제 말이야, 오랜만에 대학에 갔는데 대학 앞이 바뀌어서 깜짝 놀랐어～.

여　뭐, 졸업하고 5년이나 됐는 걸.

남　대학 앞에 찻집 있었잖아? 옆이 빵집이고.

여　응, 응. 기억해.

남　거기 맨션이 됐어.

여　그래? 빵집 옆 책방은?

남　아～, 거기도 새로워졌어. 바뀐 건 외부 만이고, 안은 그다지 바뀌지 않았지만 말이야.

여　그래～. 5년이나 지나면 역시 여기저기 변해 버리니까.

대학 앞에 새롭게 생긴 것은 무엇입니까?

1 찻집
2 빵집
3 맨션
4 책방

정답 3

어휘 大学 대학 | 新しい 새롭다 | 久しぶりに 오랜만에 | びっくりする 깜짝 놀라다 | 卒業 졸업 | 喫茶店 커피숍, 찻집 | となり 옆. 옆집 | パン屋 빵집 | 覚える 기억하다, 외우다 | マンション 맨션 | 本屋 서점 | あんまり 그다지, 거의 | 変わる 변하다, 바뀌다 | たつ (시간이)지나다 | あちこち 여기저기

해설 친구 사이(대학 동창)의 대화에서 대학 앞에 새로 생긴 것을 찾는 문제이다. 남자가 졸업하고 오랜만에 대학에 갔는데 대학 앞이 많이 바뀜 → 찻집이 맨션이 됨 → 책방은 겉만 바뀌고 안은 그대로임. 대학 앞에 새롭게 생긴 것은 이전에 있던 찻집이 맨션으로 바뀌었다고 했기 때문에 정답은 3번이다.

---

2 ◎53

大学の先生がロボットについて話しています。ロボットを作るとき、最も難しいことは何だと言っていますか。

男　えー、人の形をしたロボットですが、今、3つの

대학 교수가 로봇에 대해서 이야기하고 있습니다. 로봇을 만들 때, 가장 어려운 일은 무엇이라고 말하고 있습니까?

남　음, 사람 모습을 한 로봇 말인데요, 현재 3가지를 중심으로 연구하고 있습니다. 걷는 것, 손을 써서 물건을 옮기는 것.

ことを中心に研究しています。歩くこと、手を使って物を運ぶこと、言葉をしゃべることの3つですね。一番難しいのは、人間のように言葉を話すことだと思う人が多いんですが、実は歩くことなんです。ゆっくり歩くのはいいんですが、階段を上り下りしたりすることはなかなかできません。つまりロボットにバランスをとらせるのが難しいってことですね。

ロボットを作るとき、最も難しいことは何だと言っていますか。
1 ことばを　話すこと
2 手を　使って　物を　運ぶこと
3 ゆっくり　歩くこと
4 階段を　上ったり下りたりすること

말하는 것 3가지 이지요. 가장 어려운 것은 인간처럼 말하는 것이라고 생각하는 사람이 많지만, 실은 걷는 것입니다. 천천히 걷는 것은 괜찮지만, 계단을 오르내리는 일은 꽤 어렵습니다. 즉, 로봇에게 균형을 잡게 하는 것이 어렵다는 것입니다.

로봇을 만들 때, 가장 어려운 일은 무엇이라고 말하고 있습니까?
1 말하는 것
2 손을 써서 물건을 옮기는 것
3 천천히 걷는 것
4 계단을 오르내리는 것

정답 4

어휘 ロボット 로봇 | 中心 중심 | 研究 연구 | 歩く 걷다 | 使う 사용하다 | 物 물건 | 運ぶ 옮기다 | 言葉 말, 단어 | しゃべる 말하다 | 実は 실은, 사실은 | 階段 계단 | 上り下り 오르고 내리기 | なかなか 좀처럼, 도무지 | つまり 결국, 즉 | バランスをとる 균형을 잡다 | ～ってこと「～ということ」의 축약형 (～라는 것)

해설 대화가 아닌 혼자서 하는 말을 듣고 푸는 문제로 로봇에 대해 연구하는 대학 교수의 설명을 듣고 로봇을 만들 때 가장 어려운 일을 찾으면 된다. 여기에서의 핵심은 가장 어려운 일이다. 로봇을 만들 때 일반 사람들은 흔히 말하는 것이 가장 어려울 거라고 생각하지만 실은 걷는 것이 가장 어렵다고 말한다. 그 중 천천히 걷는 것은 괜찮지만 계단을 오르내리는 것은 균형을 잡아야 하므로 상당히 어렵다고 했다. 따라서 정답은 4번이다.

3 ◎ 54

兄と妹が話しています。お兄さんが指輪をしている一番の理由は何ですか。

女 あれ、お兄ちゃん、その指輪、どうしたの？
男 あぁ、これ？ かっこいいだろ。
女 うん、まあまあ。もしかして、恋人からもらったの？
男 うん、この指輪、体の疲れに効くからって、彼女がくれたんだ。
女 え？ 指輪で疲れがとれるの？ それは信じられないな。
男 まあね。でも、彼女も同じのしてて、効果あるって言ってた。雑誌でも、最近人気が出てるって。
女 ふーん。指輪で疲れがとれるなんてねぇ。
男 ま、効果はなくてもいいんだ。この指輪見たら彼女のこと思い出すからね。
女 はいはい。

오빠와 여동생이 이야기하고 있습니다. 오빠가 반지를 끼고 있는 가장 큰 이유는 무엇입니까?

여 어머～ 오빠, 그 반지 어디서 났어?
남 아, 이거? 멋지지?
여 응, 뭐 그럭저럭. 혹시 여자친구한테 받은 거야?
남 응, 이 반지 몸의 피로에 효과가 있다며 여자친구가 준 거야.
여 뭐? 반지로 피로가 풀린다고? 믿을 수 없는 걸.
남 뭐 그건 그렇고. 그렇지만 여자친구도 같은 반지하고 있고, 효과가 있다고 했어. 잡지에서도 최근 인기가 있다고 해.
여 흠. 반지로 피로가 풀린다니.
남 뭐, 효과는 없어도 괜찮아. 이 반지 보면 여자친구 생각나니까.

여 네, 네.

お兄さんが指輪をしている一番の理由は何ですか。

1 かっこいいから
2 疲れが とれるから
3 恋人から もらったから
4 人気が あるから

오빠가 반지를 끼고 있는 가장 큰 이유는 무엇입니까?

1 멋있으니까
2 피로가 풀리니까
3 애인한테 받은 거니까
4 인기가 있으니까

정답 3

어휘 指輪 반지 | 理由 이유 | かっこ(う)いい 멋지다 | まあまあ 그럭저럭 | もしかして 혹시, 설마 | 恋人 애인, 연인 | 体 몸 | 疲れ 피로 | 効く 효력이 있다 | 彼女 여자친구 | 疲れがとれる 피로가 풀리다 | 信じる 믿다 | 効果 효과 | 雑誌 잡지 | 人気 인기 | 思い出す 생각나다

해설 오빠와 여동생의 대화에서 오빠가 반지를 끼고 있는 가장 큰 이유를 찾는 문제이다. 핵심은 반지를 끼고 있는 여러 이유 중 가장 큰 이유를 찾는 것이다. 반지는 여자친구가 피로에 효과가 있다고 준 것 → 여동생은 계속 믿지 않음 → 피로에 효과가 없어도 반지를 보면 여자친구 생각나기 때문에 끼고 있다고 함. 오빠가 반지를 끼고 있는 가장 큰 이유는 여자친구가 줬기 때문이라는 것을 알 수 있어서 정답은 3번이다.

---

4 🎧 **55**

女の人と男の人が話しています。男の人はどうして スーツを買いませんでしたか。

女 どうだった、バーゲンセール? スーツいいのあった?
男 うん。ワイシャツは2枚買ったんだけど…。
女 スーツは気に入ったの、なかったの?
男 うん。いいのがあったんだけど売り切れちゃって。
女 すぐ買わなかったんだ。
男 そうなんだよ。もっといいのがあるかと思って 探していたら、他の人が買ったみたいで。
女 バーゲンはね、いいものはすぐなくなっちゃうの よ。どうもごくろうさまでした。

男の人はどうしてスーツを買いませんでしたか。
1 気に入ったものがなかったから
2 ワイシャツをたくさん買ったから
3 安いものがなくなったから
4 買いたいものが売りきれてしまったから

여자와 남자가 이야기하고 있습니다. 남자는 왜 정장을 사지 않았습니까?

여 어땠어, 바겐세일? 정장 좋은 거 있었어?
남 응. 와이셔츠는 2장 사는데….
여 정장은 마음에 드는 거 없었어?
남 응. 좋은 게 있었는데, 다 팔려 버려서.
여 바로 안 샀구나.
남 맞아. 더 좋은 게 있을까 싶어서 찾고 있는 사이에 다른 사람이 산 것 같더라고.
여 바겐세일은 말이야, 좋은 물건은 바로 없어져 버리는 거야. 대단히 수고하셨습니다.

남자는 왜 정장을 사지 않았습니까?
1 마음에 드는 것이 없었기 때문에
2 와이셔츠를 많이 샀기 때문에
3 싼 것이 다 나갔기 때문에
4 사고 싶은 것이 다 팔렸기 때문에

정답 4

어휘 スーツ 정장 | バーゲンセール 바겐세일 | ワイシャツ 와이셔츠 | 気に入る 마음에 들다 | 売り切れる 다 팔리다 | 探す 찾다 | ごくろうさまでした 수고하셨습니다

해설　남자는 마음에 드는 것이 있었지만 더 좋은 것을 찾는 사이에 다 팔려서 살 수가 없었다고 이야기를 하고 있다. 그러므로 정답은 4번이다.

---

5 ◎56

女の人と男の人が話しています。男の人は、アルバイトの給料を何に使いますか。

女　ねえ、明日アルバイトのお給料もらう日でしょ？お給料もらったらおいしいものおごってくれるって言ったよね。

男　ああ、でも明日はちょっと…。

女　忙しいの？週末でもいいよー。食事じゃなくて映画でもいいよ。見たい映画があるんだ～。

男　うん、映画もいいよね。でも今月はさ、僕のアルバイトの給料、山田が待ってるんだよ。

女　なに？こないだ山田くんに借りたお金、まだ返してなかったの？

男　うん、先月の給料は、スキーに行くのに使っちゃったしね。

女　そうなんだー。じゃあ、次は絶対おいしいものおごってよ。約束だからね。

男の人は、アルバイトの給料を何に使いますか。
1　食事を　おごる
2　スキーに　行く
3　お金を　返す
4　映画を　見る

여자와 남자가 이야기하고 있습니다. 남자는 아르바이트 급여를 무엇에 사용니까?

여　있잖아, 내일 아르바이트 급여 받는 날이지? 급여 받으면 맛있는 거 사 준다고 했잖아.

남　아~, 그런데 내일은 좀….

여　바빠? 주말이라도 괜찮아. 식사가 아니고 영화도 좋고, 보고 싶은 영화가 있어~.

남　응, 영화도 좋겠네. 근데 이번 달은 말이야, 내 아르바이트 급여, 야마다가 기다리고 있어.

여　뭐? 요전에 야마다 군한테 빌린 돈, 아직 안 갚았어?

남　응, 지난달 급여는 스키 타러 가는데 써 버려서.

여　그렇구나. 그럼, 다음에는 꼭 맛있는 거 사줘야 해. 약속했으니까.

남자는 아르바이트 급여를 무엇에 사용니까?
1 밥을 사준다
2 스키를 타러 간다
3 돈을 갚는다
4 영화를 본다

정답　3

어휘　給料 급여, 월급 | 使う 사용하다, 쓰다 | おごる 한턱 내다 | 忙しい 바쁘다 | 週末 주말 | 食事 식사 | 映画 영화 | 待つ 기다리다 | こないだ 「この間(지난번, 요전)」의 축약형 | 借りる 빌리다 | 返す 돌려주다 | 次 다음 | 絶対に 절대로 | 約束 약속

해설　친구 사이의 대화에서 남자가 아르바이트 급여를 어디에 쓸지를 찾는 문제이다. 여자가 남자의 아르바이트 급여날에 맞춰서 밥을 사주겠다고 약속한 것을 지키라고 함 → 남자가 망설이며, 이번 달 돈은 친구 야마다가 기다리고 있다고 함. 지난 달 아르바이트 급여는 스키 타는데 썼기 때문에 이번 달 급여는 친구인 야마다에게 빌린 돈을 갚아야 함. 따라서 정답은 3번이다.

---

6 ◎57

女の人が話しています。食べ物の好き嫌いが多い人はどうして太っている人が多いのですか。

女　最近の若い人は食べ物の好き嫌いが多くて、好きな食べ物だけ食べている人が多いですね。でも、

여자가 이야기하고 있습니다. 편식하는 사람은 왜 뚱뚱한 사람이 많습니까?

여　최근 젊은 사람들은 편식을 해서 좋아하는 음식만 먹는 사람이 많습니다. 하지만, 같은 것만 먹으면 오히려 살이 찌기

同じものしか食べないとかえって太りやすくなるんです。食べるものの種類が少ないと、おなかがいっぱいになりにくくて、結局、たくさん食べてしまうんですね。それに、好き嫌いが多い若者が食べるものは、カップめんとか、ハンバーガーとか、お菓子とかですよね。野菜や果物の量はあまり多くないから、もっと太っちゃうんです。

食べ物の好き嫌いが多い人はどうして太っている人が多いのですか。

1 同じものばかり　食べるから
2 好きな食べ物が　多すぎるから
3 やさいや　くだものを　ぜんぜん　食べないから
4 カップめんばかり　食べるから

쉬워집니다. 먹는 음식의 종류가 적으면 배가 잘 부르지 않기 때문에 결국 많이 먹어 버립니다. 게다가, 편식하는 젊은이가 먹는 것은 컵라면이나 햄버거나 과자 같은 것입니다. 채소나 과일의 양은 그다지 많지 않기 때문에, 더 뚱뚱해져 버립니다.

편식하는 사람은 왜 뚱뚱한 사람이 많습니까?

1 같은 것만 먹기 때문에
2 좋아하는 음식이 너무 많기 때문에
3 채소나 과일을 전혀 먹지 않기 때문에
4 컵라면만 먹기 때문에

정답 1

어휘 食べ物の好き嫌い 음식을 가림, 편식 | 太る 살찌다 | 最近 최근 | 若い人 젊은이 | ～だけ ～만, ～뿐 | ～しか ～밖에 | かえって 오히려 | 種類 종류 | おなかがいっぱいになる 배가 부르다 | 若者 젊은이 | お菓子 과자 | 野菜 채소 | 果物 과일 | 量 양 | あまり 그다지

해설 대화가 아닌 여자가 혼자 하는 말을 듣고 포인트를 이해하는 문제로 여자가 편식하는 사람은 왜 뚱뚱한 사람이 많다고 하는지 이유를 찾으면 된다. 같은 것만 먹으면 오히려 살찌기 쉬움 → 먹는 종류가 적으면 배가 잘 부르지 않기 때문에 과식하게 됨 → 편식하는 사람들은 주로 인스턴트 음식을 먹고 채소를 잘 먹지 않아 살이 찌게 됨. 편식하는 사람 중에 뚱뚱한 사람이 많은 근본적인 이유는 같은 음식만 먹기 때문이라고 했으므로 정답은 1번이다.

問題3 ▶ 개요이해

◖ 문제유형 　개요이해 (3문항)

내용을 듣고 화자의 의도나 주장을 이해하는 문제로 처음에 문제가 나오지 않는다.
내용 형식은 주로 한 사람이 말하는 형식(부재중 전화 녹음, 텔레비전에서 아나운서
가 말하는 장면 등)이 중심이 될 것이다.

> 상황 설명을 듣는다 ➡ 본문(주로 혼자 말하는 내용)을 듣는다 ➡
>
> 문제를 듣는다 ➡ 선택지를 듣고 정답을 고른다

> **問題3**　問題3では、問題用紙に何もいんさつされていません。この問
> 題は、ぜんたいとしてどんなないようかを聞く問題です。話の
> 前に質問はありません。まず話を聞いてください。それから、
> 質問とせんたくしを聞いて、1から4の中から、最もよいものを
> 一つえらんでください。
>
> 　　　　　　　　　　　　　　　　　　　—メモー—

◖ 포인트

〈問題3〉은 질문과 선택지가 한번만 음성으로 나오기 때문에 꼭 메모를 하면서 들
어야 한다. 질문의 형태는 세 가지이다. 하나는 용건(business)이고 또 하나는 이야
기의 주제(theme)이고 마지막 하나는 말하는 이의 의견(opinion)이나 생각이다. 이
세 가지가 각각 한 문항씩 출제될 가능성이 높다.

◖ 학습요령

용건(business)을 묻는 문제, 즉 무엇 때문에 왔는지 무슨 일로 전화했는지 등을 묻
는 문제는 찾아온 사람이나 전화를 걸어온 사람의 말에 주의를 기울여서 들어야 한
다. 주제(theme)를 묻는 이야기의 큰 줄기만을 잡도록 해야 한다. 의견(opinion)을
묻는 문제는 어려운 어휘나 표현이 나올 수 있다. 어떤 의견인지 파악하지 못 했을
때는 선택지에서 다소 색다른 의견이나 생각을 고르도록 하자.

問題3 問題3 では、問題用紙に何もいんさつされていません。この問題は、ぜんたいとし
てどんなないようかを聞く問題です。話の前に質問はありません。まず話を聞い
てください。それから、質問とせんたくしを聞いて、1から4の中から、最もよいもの
を一つ選んでください。

1~3 ◎ 58~60

― メモ ―

問題3 問題3 では、問題用紙に何もいんさつされていません。この問題は、ぜんたいとし
　　　 てどんなないようかを聞く問題です。話の前に質問はありません。まず話を聞い
　　　 てください。それから、質問とせんたくしを聞いて、1から4の中から、最もよいもの
　　　 を一つ選んでください。

1~3　◎ 61~63

— メモ —

問題3 問題3 では、問題用紙に何もいんさつされていません。この問題は、ぜんたいとし
てどんなないようかを聞く問題です。話の前に質問はありません。まず話を聞い
てください。それから、質問とせんたくしを聞いて、1から4の中から、最もよいもの
を一つ選んでください。

1~3　◎ 64~66

— メモ —

확인문제 1

문제3. 문제3에서는 문제지에 아무것도 인쇄되어 있지 않습니다. 이 문제는 전체적으로 어떤 내용인가를 묻는 문제입니다. 이야기 전에 질문은 없습니다. 먼저 이야기를 들으세요. 그리고 질문과 선택지를 듣고 1~4 중에서 가장 적당한 것을 하나 고르세요.

1 （◎）58

女の人が病院に電話しています。

女1 もしもし。このまえ検査の予約をした高橋と申しますが。

女2 はい。こんにちは。

女1 あの。最近ずっとおなかが痛くて、調べてもらうことになってるんですが。

女2 そうですか。いつのご予約ですか。

女1 それが、15日だったのは覚えてるんですが。今月か来月か、分からなくなってしまって…。

女2 ええと。ああ、来月ですね。

女1 そうですか。ありがとうございました。あ、そうだ。この前もらった薬がなくなったんですが、薬屋で売ってる薬を飲んでも大丈夫でしょうか。

女2 それは、ちょっと先生に聞いてみないと…。

女1 そうですね。じゃ、また今度うかがいます。

女2 はい。お大事に。

女の人は何のために病院に電話をしましたか。
1 予約した日を 調べるため
2 頭が 痛いので 相談するため
3 予約した日を 変えるため
4 薬屋の薬を 調べるため

여자가 병원에 전화 하고 있습니다.

여1 여보세요. 얼마 전에 검사를 예약한 다카하시 라고 하는데요.

여2 네. 안녕하세요.

여1 저~, 요즘 계속 배가 아파서 검사를 받기로 되어 있는데요.

여2 그래요? 언제 예약입니까?

여1 그게~, 15일이었던 것은 기억하고 있는데. 이번 달인지 다음 달인지 알 수가 없어서.

여2 음아~, 다음 달이네요.

여1 그래요? 고맙습니다. 아, 맞다. 지난번에 받은 약이 떨어졌는데 약국에서 팔고 있는 약을 먹어도 괜찮을까요?

여2 그건 선생님께 좀 물어봐야 되는데….

여1 그렇군요. 그럼 다음에 찾아 뵐게요.

여2 네. 몸조리 잘 하세요.

여자는 무엇 때문에 병원에 전화를 했습니까?

1 예약한 날짜를 알아보려고
2 머리가 아파서 상담 하려고
3 예약한 날짜를 바꾸려고
4 약국의 약을 알아보려고

정답 1

어휘 病院 병원 | 検査 검사 | 予約 예약 | 最近 요즘 | ずっと 쭉 | お腹が痛い 배가 아프다 | 調べる 조사하다 | 覚える 기억하다 | 薬屋 약국 | 売る 팔다 | うかがう 「尋ねる 방문하다」의 겸양어

해설 여자가 병원에 전화를 한 목적을 묻고 있다. 「いつのご予約ですか」라는 물음에 「それが～しまって」로 답하고 있으므로 예약 날짜를 알아보기 위해서라는 것을 알 수 있으므로 1번이 정답이다

2 （◎）59

男の人が話しています。

男 人と仲良くなるのが難しいと悩んでいる人は、自分に自信がなく、自分がダメだから優しくしてもらえないのだと思っています。でも、本当は自分が傷つくのをこわがって、人を避けているた

남자가 이야기하고 있습니다.

남 다른 사람과 사이좋게 지내는 것이 어렵다고 고민하고 있는 사람은 자기 자신에게 자신이 없고 자기 자신이 쓸모 없으니까, 사람들이 잘해주지 않는다고 생각하고 있습니다. 하지만 사실은 자기 자신이 상처받는 것을 두려워해서 사람을

めにうまくいかないことが多いんです。返事を
してくれなさそうだと思っても、まず自分から
話しかけてみましょう。目を見て笑顔であいさ
つしたら、思った以上に、みんな優しく返事を
してくれますよ。

男の人は仲良くなるためにはどうしたらいいと言っ
ていますか。
1 人を 避けて 話さない
2 自分に 自信を 持つ
3 自分から あいさつする
4 優しく 返事を する

피하고 있기 때문에 생각대로 잘 안 되는 경우가 많습니다.
대답을 해 주지 않을 것 같아도 우선 자기가 먼저 말을 걸어
봅시다. 눈을 보고 웃는 얼굴로 인사하면 생각 이상으로 모
두가 상냥하게 대답을 해 줄 겁니다.

남자는 사이가 좋아지기 위해서는 어떻게 하는 것이 좋다고 말
하고 있습니까?
1 사람을 피하고 말을 하지 않는다
2 자기 자신에게 자신감을 가진다
3 자기가 먼저 인사를 한다
4 상냥하게 대답을 한다

정답 3

어휘 仲良くなる 사이가 좋아지다 | 悩む 고민하다 | 自分 자기 자신 | 自信 자신감 | だめだ 쓸모 없다 | 傷つく 상
처받다 | こわがる 무서워하다 | 避ける 피하다 | 返事 대답 | 話しかける 말을 걸다 | 笑顔 웃는 얼굴 | あいさつする
인사하다 | 優しい 상냥하다

해설 다른 사람과 사이가 좋아지기 위해서는 어떻게 하는 것이 좋은지 묻고 있다. 앞부분에서는 자기 자신이 상처받는
것에 대한 두려움 때문에 사람을 피해서 생각대로 잘 안 된다고 말하고 그에 대한 해결책을 「返事を～みましょう」와 「目を
～してくれますよ」에서 제시하고 있으므로 3번이 정답이다.

3 ◉ 60

スポーツクラブで男の人が話しています。

男 入会後に気をつけていただきたい点なんです
が、ご本人かどうかを確認しますので、毎回必
ず会員カードを持って来てください。会員期間
中、都合が悪くて長い間来られないときは、お
電話いただければ、その間はお休みにできま
す。また、途中で会員をやめるときは、キャン
セル料が10%かかります。もし他にも分からな
いことがございましたら、何でもご質問くださ
い。

男の人は何について話していますか。
1 会員カードの 案内
2 キャンセル料の 金額
3 入会後の 注意
4 休みの 期間

스포츠 클럽에서 남자가 이야기하고 있습니다.

남 입회 후에 주의해 주셨으면 하는 점입니다만 본인인지 아닌
지를 확인하니까 매번 반드시 회원카드를 가져오세요. 회원
기간 중 사정이 여의치 않아 오랫동안 못 오실 때는 전화 주
시면 그동안에는 쉴 수 있습니다. 또한, 도중에 회원을 탈퇴
할 때는 취소 요금이 10퍼센트 듭니다. 만약에 다른 궁금한
점이 있으시다면 무엇이든 질문해 주십시오.

남자는 무엇에 대해 이야기하고 있습니까?
1 회원카드의 안내
2 취소 요금
3 입회 후의 주의
4 쉬는 기간

정답 3

어휘 スポーツクラブ 스포츠 클럽 | 入会 입회 | 確認する 확인하다 | 毎回 매번 | 必ず 반드시 | 会員カード 회원 카드 | 持つ 가지다 | 期間中 기간 중 | 都合が悪い 사정이 여의치 않다 | 途中で 도중에 | キャンセル料 캔슬료

해설 남자가 이야기하고 있는 내용이 무엇인지를 묻고 있다. 첫 부분에서 「入会後に〜ですが」에서 입회 후의 주의점에 대해서 말하려고 한다는 것을 알 수 있으므로 3번이 정답이다.

확인문제 2

문제3. 문제3에서는 문제지에 아무것도 인쇄되어 있지 않습니다. 이 문제는 전체적으로 어떤 내용인가를 묻는 문제입니다. 이야기 전에 질문은 없습니다. 먼저 이야기를 들으세요. 그리고 질문과 선택지를 듣고 1~4 중에서 가장 적당한 것을 하나 고르세요.

1 ◎ 61

男の学生と女の学生が携帯電話で話しています。

男 あ、もしもし。田中です。

女 田中くん？ あれ？ もう飛行機乗ったんじゃないの？

男 うん。まだ空港。向こうの空港が雪で出発が遅れてるんだよ。

女 ふーん、雪なんだ、むこう。

男 うん、大雪なんだって。

女 そう。早く飛行機飛べばいいのにね。

男 うん。あのさ、それより山田先輩の電話番号知ってる？

女 うん、知ってるけど、どうして？

男 メールアドレスは知ってるから、昨日から先輩にメール送ってるんだけど戻ってきちゃうんだ。ちょっと急ぐ用事だから直接話したいと思って。

女 そっか。じゃ、ちょっと待ってね。

男の学生は何のために電話をかけてきましたか。
1 先輩のメールアドレスを 聞くため
2 先輩の電話番号を 聞くため
3 雪が 降っていることを 知らせるため
4 出発が 遅れたことを 知らせるため

남학생과 여학생이 휴대전화로 이야기하고 있습니다.

남 아, 여보세요. 다나카입니다.

여 다나카 군? 어머, 이미 비행기 탄 거 아냐?

남 응. 아직 공항. 저쪽 공항이 눈으로 출발이 늦어지고 있어.

여 음, 눈이 오고 있구나, 그쪽은.

남 어. 대설이래.

여 그래. 빨리 비행기 뜨면 좋을 텐데.

남 응. 근데 그보다 야마다 선배 전화번호 알아?

여 응, 알고 있는데, 왜?

남 메일 주소는 알고 있어서 어제부터 선배한테 메일을 보냈는데 돌아와 버리네. 좀 급한 일이라서 직접 이야기하고 싶어서.

여 그래? 그럼, 조금만 기다려.

남학생은 무엇 때문에 전화를 걸어왔습니까?
1 선배의 메일 주소를 묻기 위해
2 선배의 전화번호를 묻기 위해
3 눈이 내리고 있는 것을 알리기 위해
4 출발이 늦어진 것을 알리기 위해

정답 2

어휘 携帯電話 휴대전화 | 飛行機 비행기 | 乗る 타다 | 空港 공항 | 向こう 맞은편, 저쪽 | 雪 눈 | 出発 출발 | 遅れる 늦다, 늦어지다 | 〜だって 〜래, 〜라던데 | 飛ぶ 날다 | それより 그것보다 | 先輩 선배 | 電話番号 전화번호 | 知る 알다 | どうして 어째서, 왜 | メールアドレス 메일 주소 | 送る 보내다 | 戻ってくる 돌아오다 | 急ぐ 서두르다 | 用事 용건 | 直接 직접

남자가 여자에게 전화한 이유를 묻고 있다. 초반에는 대설에 관해 이야기하지만 중반의 「それより」 '그보다'라는 표현 다음부터가 남자가 여자에게 전화를 한 진짜 목적이다. 따라서 정답은 2번이다.

2 ◎ 62

ラジオで男の人が話しています。

男 ふわふわしたおいしいオムレツを作るのはけっこう難しいんですよ。我々も一人前になるまでは、うまくできなくてよく怒られたもんです。オムレツには、普通ハムやチーズ、玉ねぎなんか入れて作りますけど、はじめは何も入れないで作るプレーンオムレツばかり作らされました。卵の混ぜ方、フライパンの温め方、焼く時間、どれひとつ間違えてもおいしいものはできません。ちょっとしたことで味が変わってしまうんですよ。

男の人は何について話していますか。
1 オムレツを 作る難しさ
2 オムレツの おいしい作り方
3 オムレツを 作るときの材料
4 オムレツの 味

라디오에서 남자가 이야기하고 있습니다.

남 부드럽고 맛있는 오믈렛을 만드는 것은 꽤 어렵습니다. 우리도 제대로 만들게 되기까지는 잘 되지 않아서 자주 혼났습니다. 오믈렛에는 보통 햄이나 치즈, 양파 등을 넣어서 만드는데, 처음에는 아무것도 넣지 않고 만드는 플레인 오믈렛만 만듭니다. 계란 푸는 방법, 프라이팬을 달구는 방법, 익히는 시간, 어느 것 하나만 실수해도 맛있는 오믈렛은 만들 수 없습니다. 아주 사소한 것으로 맛이 달라져 버리는 것입니다.

남자는 무엇에 대해서 이야기하고 있습니까?
1 오믈렛을 만드는 어려움
2 오믈렛을 맛있게 만드는 방법
3 오믈렛을 만들 때의 재료
4 오믈렛의 맛

정답 1

어휘 ラジオ 라디오 | ふわふわ 부드러운 모양 | オムレツ 오믈렛 | 作る 만들다 | けっこう 꽤 | 我々 우리들 | 一人前 제 몫을 할 수 있음 | うまく 잘, 제대로 | 怒る 화내다 | ～もんだ 「ものだ」의 회화체 (～하곤 했다) | 普通 보통 | 玉ねぎ 양파 | ～ばかり ～만 | 混ぜ方 휘저어 푸는 법 | 温め方 데우는 법 | 焼く 굽다 | 間違える 실수하다, 잘못하다 | ちょっとした 사소한 | 味 맛 | 変わる 변하다, 바뀌다 | 材料 재료

해설 주제에 대해 파악할 때는 선택지에서 내용 전반을 포함하는 내용을 선택해야 한다. 남자는 맛있는 오믈렛을 만드는 일이 꽤 어렵다는 말로 스피치를 시작하고 있다. 즉, 조그만 실수에도 오믈렛의 맛이 변할 수 있으므로 오믈렛을 맛있게 만드는 것은 어렵다고 말하고 있다. 여기에서 선택지 2번의 오믈렛을 맛있게 만드는 방법과 혼동이 될 수 있지만 전체 스피치의 주제에 대한 질문이므로 오믈렛을 만드는 어려움인 1번이 정답이다.

3 ◎ 63

学校の作文の授業で先生が話しています。

女 今日は、会社に就職するときなどに出す、自己紹介書の書き方について勉強します。文章というものは、書き出しの部分がとても大切です。自己紹介の文章も同じです。自己紹介書を読む側は、たいていの場合、たくさんの人から送られてきたものを読まなければなりません。ですから、書く側は、読む人が最後まで全部読みたくなるように、

학교 작문 수업에서 선생님이 말하고 있습니다.

여 오늘은 회사에 취직할 때 등에 제출하는 자기소개서를 작성하는 방법에 대해서 공부하겠습니다. 글이라는 것은 서두 부분이 아주 중요합니다. 자기소개 글도 마찬가지입니다. 자기소개서를 읽는 쪽은 대개의 경우, 많은 사람들이 보낸 것을 읽어야 합니다. 그러므로 작성하는 쪽은 읽는 사람이 마지막까지 전부 읽고 싶어지도록 처음 부분을 잘 생각해서

はじめのところをよく考えて書かなければなりません。相手にできるだけ早く自分をアピールする必要が自己紹介書にはあるのです。

先生は、自己紹介書を書くときはどんなことが大切だと言っていますか。
1 早く 書いて、自分を アピールする
2 最初の部分を うまく 書く
3 最後まで 自分を アピールする
4 早く 読めるように 短く 書く

작성해야 합니다. 상대방에게 가능한 한 빨리 자신을 어필할 필요가 자기소개서에는 있는 것입니다.

선생님은 자기소개서를 작성할 때는 어떤 점이 중요하다고 말하고 있습니까?
1 빨리 작성해서, 자신을 어필한다
2 첫 부분을 잘 작성한다
3 마지막까지 자신을 어필한다
4 빨리 읽을 수 있도록 짧게 작성한다

정답 2

어휘 作文 작문 | 授業 수업 | 就職 취직, 취업 | 出す 제출하다, 내다 | 自己紹介書 자기소개서 | 書き方 쓰는 법 | 文章 글 | 書き出し 첫머리, 서두 | 部分 부분 | 大切だ 중요하다 | ～側 ～편, ～쪽, ～측 | たいてい 대부분, 대개 | 場合 경우 | 送る 보내다 | 読む 읽다 | 最後 최종, 마지막 | 全部 전부 | 考える 생각하다 | 書く 쓰다 | 相手 상대 | できるだけ 가능한 한 | アピール 어필 | 必要 필요

해설 학교 작문 시간에 선생님이 학생들에게 회사에 제출하는 자기소개서 작성법에 대해 설명하고 있다. 질문은 자기소개서 작성 시 가장 중요한 것을 물어보고 있다. 두번째 줄의 글은 서두가 아주 중요해서, 자기소개서도 역시 글이므로 서두 부분을 신경 써서 가능한 한 빨리 상대방에게 자신을 어필하는 것이 중요하다고 말하고 있다. 따라서 정답은 2번이다.

확인문제 3

문제3. 문제3에서는 문제지에 아무 것도 인쇄되어 있지 않습니다. 이 문제는 전체적으로 어떤 내용인가를 묻는 문제입니다. 이야기 전에 질문은 없습니다. 먼저 이야기를 들으세요. 그리고 질문과 선택지를 듣고 1~4 중에서 가장 적당한 것을 하나 고르세요.

1 🎧 64

病院で女の人が、入院中の男の人と話しています。

女 こんにちは。どう？具合は？
男 うん、だいぶよくなったよ。先週も来てくれたのに、また来たの？
女 そうよ。退屈してるだろうと思って…。はい、これ。
男 何？これ。
女 プレゼントよ。じっとしてると頭悪くなるでしょ。私が書いた報告書なんだけど、ちょっと見て直してくれる？
男 えー、病人に仕事させるの。
女 だって、足の骨が折れただけでしょ。あとは手も動くし、頭も動くし…。
男 そりゃ、まあそうだけど…。
女 ね？お願い。あ、コーヒー飲むでしょ。私、買ってくるね。

병원에서 여자가 입원 중인 남자와 이야기하고 있습니다.

여 안녕. 어때, 몸 상태는?
남 응, 꽤 좋아졌어. 지난 주에도 와 줬는데, 또 온 거야?
여 그래. 심심해하고 있겠다 싶어서…. 자, 이거.
남 뭐야, 이거?
여 선물이야. 가만히 있으면 머리 나빠지잖아. 내가 쓴 보고서인데, 보고 좀 고쳐줄래?
남 에~, 환자에게 일 시키는 거야?
여 하지만, 다리뼈가 부러진 것뿐이잖아. 그 외에는 손도 움직이고 머리도 움직이고….
남 그야, 뭐 그렇지만….
여 응, 부탁해. 아, 커피 마실거지? 내가 사 올게.

女の人は病院へ何をしに来ましたか。
1 仕事を 手伝ってもらいに 来た
2 仕事の報告に 来た
3 プレゼントを 渡しに 来た
4 コーヒーを 飲みに 来た

여자는 병원에 무엇을 하러 왔습니까?
1 일을 도와 달라고 왔다
2 일을 보고 하러 왔다
3 선물을 건네러 왔다
4 커피를 마시러 왔다

정답 1

어휘 病院 병원 | 入院中 입원 중 | 具合 몸의 상태 | だいぶ 꽤 | 先週 지난 주 | 頭悪くなる 머리가 나빠지다 | 報告書 보고서 | 直す 고치다 | 病人 환자 | 足の骨が折れる 다리 뼈가 부러지다 | 動く 움직이다 | コーヒー 커피 | 手伝う 돕다 | 渡す 건네다

해설 여자는 남자에게 선물이라고 하며 보고서를 건넨다. 그리고는 남자에게 보고서의 내용을 체크해 달라고 부탁하고 있는 상황이므로 1번이 정답이다.

---

2 ◎ 65

映画を見た感想について、女の人がインタビューに答えています。

女 そうですねえ。この映画、テレビなんかでものすごく宣伝してるでしょ。もっとおもしろいと思ったんですけどね。小説も読んだんですよ、私。すごくおもしろかったし、映画の方も期待してたんだけど。まあ、小説が映画になると、映画の方がよかったってこと、あんまりありませんからね。こんなものなのかな。でも、正直言ってもう少しおもしろいのかと思ってました。

영화를 본 감상에 대해서 여자가 인터뷰에 답하고 있습니다.

여 글쎄요. 이 영화, 텔레비전 등에서도 엄청 선전하고 있잖아요. 더 재미있을 거라고 생각했었어요. 전 소설도 읽었어요. 굉장히 재미있었고 영화 쪽도 기대했었는데. 뭐 소설이 영화가 되면 영화 쪽이 좋았던 적은 별로 없으니까요. 이런 정도인가. 하지만, 솔직히 말해서 좀 더 재미있을까 생각했었습니다.

女の人は、この映画を見てどう思いましたか。
1 とても おもしろかった
2 少しも おもしろくなかった
3 小説のほうが おもしろかった
4 映画のほうが おもしろかった

여자는 이 영화를 보고 어떻게 생각했습니까?
1 아주 재미있었다
2 전혀 재미없었다
3 소설 쪽이 재미있었다
4 영화 쪽이 재미있었다

정답 3

어휘 映画 영화 | 感想 감상 | インタビュー 인터뷰 | テレビ 텔레비전 | 宣伝 선전 | おもしろい 재미있다 | 小説 소설 | 読む 읽다 | 期待する 기대하다 | 正直言って 솔직히 말해서

해설 여자는 소설도 읽었는데 매우 재미있어서 영화도 재미있을 거라 기대했었으나, 역시 소설이 영화가 되면 좋았던 적이 별로 없었다고 말하고 있으므로 3번이 정답이다.

3 ◎ 66

男の人が飛行機の機内食について話しています。

男 飛行機に乗ると、いつも思うんですが、あの機内食というのはどうなんでしょうかね。あれをなくして、飛行機の料金をもっと安くしてほしいですね。飛行機の中で食事をしたい人はお弁当を持って入るとか、スチュワーデスが中でサンドイッチなんかを売ったらどうでしょうか。まあ、飛行時間が長い場合は機内食があってもいいと思いますが、乗ってる時間が3時間か4時間ぐらいなら、いいんじゃないでしょうかね。

男の人は、どう考えていますか。
1 機内食は　サンドイッチが　一番　いい
2 機内食を　なくして　飛行機の料金を　安くしてほしい
3 機内食は　いつも　あった方が　いい
4 機内食は　もっと　いいものを　出して　ほしい

남자가 비행기 기내식에 관해서 이야기하고 있습니다.

남 비행기를 타면 늘 생각합니다만, 그 기내식이라는 것이 글쎄요. 그것을 없애고 비행기 요금을 더 저렴하게 해 주었으면 합니다. 비행기 안에서 식사를 하고 싶은 사람은 도시락을 가지고 들어온다든지, 스튜어디스가 안에서 샌드위치 같은 것을 판다면 어떨까요? 뭐, 비행시간이 긴 경우에는 기내식이 있어도 좋겠지만, 타고 있는 시간이 3~4시간 정도라면, 괜찮지 않을까요?

남자는 어떻게 생각하고 있습니까?
1 기내식은 샌드위치가 제일 좋다
2 기내식을 없애고 비행기 요금을 저렴하게 해 줬으면 한다
3 기내식은 항상 있는 편이 좋다
4 기내식은 좀 더 좋은 것을 내줬으면 한다

정답 2

어휘 機内食 기내식 | 乗る 타다 | 料金 요금 | 安い 싸다 | 食事 식사 | スチュワーデス 스튜어디스 | サンドイッチ 샌드위치 | 売る 팔다 | 場合 경우 | 出す 제공하다

해설 남자는 첫 부분에서 기내식을 없애고 비행기 요금을 더 저렴하게 해 주기를 바란다고 이야기하고 있으므로 2번이 정답이다.

문제유형 　발화표현 (4문항)

일러스트를 보며 상황 설명을 듣고 상황에 맞는 적절한 표현을 찾는 문제이다.

상황 설명과 문제를 듣는다 ➡ 세 개의 선택지를 듣고 정답을 고른다

例

問題4 問題4では、えを見ながら質問を聞いてください。やじるし
（→）の人は何と言いますか。1から3の中から、最もよいもの
を一つえらんでください。

れい

포인트

〈問題4〉는 일러스트에서 화살표가 가리키는 사람이 해야 하는 말을 고르는 문제로
학교나 회사 그리고 일상생활에서의 장면이 골고루 나온다. 부탁하기, 권유하기, 허
가 구하기, 남에게 주의주기 그리고 인사말 등에서 출제가 되는데 이 중에서 부탁할
때 쓰는 말과 인사말(예 : 감사, 사과, 위로 등)이 주로 출제된다. 그리고 친구 사이
에서 쓰는 반말 (예 : ～てくれる？,～てもいい？)과 경어 표현 (예: ～ていただ
けませんか、～たらいかがですか 등)도 출제된다.

학습요령

일러스트를 재빨리 훑어보고 화살표 인물의 말을 미리 예측할 수도 있으나 좋은 방
법은 아니다. 〈問題4〉는 기본 회화 실력만 있으면 결코 어려운 문제가 아니기 때문
에 착실히 점수를 올리기 위해서라도 음성으로 들려주는 상황 설명을 잘 듣고 정확
하게 상황을 파악한 다음에 답을 고르도록 하자.

問題4 問題４では、えを見ながら質問を聞いてください。やじるし（→）の人は何と言いますか。1から3の中から、最もよいものを一つえらんでください。

1 67

2 68

3 ◎ **69**

4 ◎ **70**

問題4 問題4では、えを見ながら質問を聞いてください。やじるし (→) の人は何と
言いますか。1から3の中から、最もよいものを一つえらんでください。

1 ◎ 71

2 ◎ 72

3 73

4 74

問題4 問題4では、えを見ながら質問を聞いてください。やじるし（→）の人は何と言いますか。1から3の中から、最もよいものを一つえらんでください。

1 ◎ 75

1 ◎ 76

96

확인문제 1

문제4. 문제4에서는 그림을 보면서 질문을 들으세요. 화살표(→)의 사람은 뭐라고 말합니까? 1~3 중에서 가장 적당한 것을 하나 고르세요.

1 (◎) 67

女 友達が入院したので、病院に来ました。帰るとき、
　　何と言いますか。
女 1 おだいじに。
　　2 ごぶさたです。
　　3 いってきます。

여 친구가 입원했기 때문에 병원에 왔습니다. 돌아갈 때 뭐라
　　고 말합니까?
여 1 몸조리 잘해.
　　2 오랜만이에요.
　　3 다녀오겠습니다.

정답 1

어휘 友達 친구 | 入院 입원 | 病院 병원 | ごぶさた 오랫동안 격조함

해설 병문안 하고 돌아갈 때 환자에게 '몸조리 잘하세요, 건강히 계세요'라는 뜻의 「おだいじに」가 인사말로 많이 사용된다.

2 (◎) 68

女 先生が食事代をはらってくれました。何と言いま
　　すか。
女 1 ごめんなさい。
　　2 ごめんください。
　　3 ごちそうさまでした。

여 선생님이 식사비를 지불해 주었습니다. 뭐라고 말합니까?
여 1 죄송합니다.
　　2 실례합니다.
　　3 잘 먹었습니다.

정답 3

어휘 食事代 식사비 | 払う 지불하다

해설 식사비를 대신 내줬으니 다 먹고 난 뒤에 말하는 '잘 먹었습니다'라는 표현의 「ごちそうさまでした」로 답하는 것이 맞
　　는 표현이다.

3 ◎69

女 部長に相談したいです。何と言いますか。
男 1 部長、お待たせしました。
2 部長、ちょっと よろしいでしょうか。
3 部長、いつも お世話に なっております。

여 부장님께 상담하고 싶습니다. 뭐라고 말합니까?
남 1 부장님, 오래 기다렸습니다.
2 부장님, 잠시 괜찮습니까?
3 부장님, 늘 신세지고 있습니다.

정답 2

어휘 部長 부장(님) | 相談する 상담하다 | 世話 보살핌, 신세

해설 윗사람에게 상담을 부탁하는 상황이고 잠시 시간을 내어 줄 수 있는지 물어야 하므로 「ちょっとよろしいでしょうか」라고 묻는 것이 좋다.

4 ◎70

女 レストランで、スパゲッティを頼んだのにカレーが
きました。何と言いますか。
女 1 とても、おいしかったです。
2 もう、おなかが いっぱいなんです。
3 すみません、頼んだのと ちがうんですが。

여 레스토랑에서 스파게티를 주문했는데 카레가 왔습니다. 뭐라고 말합니까?
여 1 아주 맛있었습니다.
2 이제 배부릅니다.
3 저~ 주문한 것과 다른데요.

정답 3

어휘 レストラン 레스토랑 | スパゲッティ 스파게티 | 頼む 부탁하다 | カレー 카레 | 違う 다르다, 틀리다

해설 음식이 잘못 나왔을 경우에는 일단 점원을 부르는 의미로 부탁과 미안함의 뜻을 지닌 「すみません」이라고 말한 후, 상황 설명을 하면 된다.

확인문제 2

문제4. 문제4에서는 그림을 보면서 질문을 들으세요. 화살표(→)의 사람은 뭐라고 말합니까? 1~3 중에서 가장 적당한 것을 하나 고르세요.

1 ◎ 71

男　公園の掃除をするボランティアの仕事が終わりました。いっしょに掃除をした人たちに何と言いますか。

女　1　おつかれさまでした。
　　2　おじゃましました。
　　3　どうぞ、お大事に。

남　공원 청소를 하는 자원봉사 일이 끝났습니다. 함께 청소한 사람들에게 뭐라고 말합니까?

여　1　수고하셨습니다.
　　2　실례했습니다.
　　3　몸조리 잘하세요.

정답 1

어휘 公園 공원 | 掃除 청소 | ボランティア 자원봉사 | いっしょに 같이, 함께 | おつかれさまでした 수고하셨습니다 | おじゃましました 실례했습니다 | どうぞ、お大事に 몸조리 잘하세요

해설 자원봉사 일이 끝나고 같이 일한 사람들에게 하는 말을 고르는 문제이므로 가장 적절한 표현은 1번이다. 2번은 남의 집에 방문했다 돌아갈 때, 3번은 병문안 가서 환자에게 하는 말이다.

2 ◎ 72

女　電車の中にカバンを忘れてしまいました。駅の人に何と言いますか。

男　1　すみませんが、カバンを 探していただけませんか。
　　2　すみませんが、カバンを 探してもよろしいですか。
　　3　すみませんが、カバンを 持ってきてくださいませんか。

여　전철 안에 가방을 두고 내렸습니다. 역무원에게 뭐라고 말합니까?

남　1　미안합니다만, 가방을 찾아 주시겠습니까?
　　2　미안합니다만, 가방을 찾아도 될까요?
　　3　미안합니다만, 가방을 가져와 주시지 않겠습니까.

정답 1

어휘 カバン 가방 | 忘れる 잊어버리다 | 持って来る 들고 오다

해설 가방을 분실하여 찾아주기를 부탁하는 상황이므로 「～て(で)いただけませんか(~해 주시겠습니까?)」라는 표현을 써야 한다.

3 ◎73

男 ホテルに予約をしていましたが、行くことができ
なくなりました。電話でホテルの人に何と言いま
すか。
女 1 予約が できなくなりました。いいですか。
　 2 予約は もう 要りません。
　 3 予約の キャンセルを お願いします。

남 호텔에 예약을 했습니다만, 갈 수가 없게 되었습니다. 전화
로 호텔 직원에게 뭐라고 말합니까?
여 1 예약을 할 수 없게 되었습니다. 괜찮은가요?
　 2 예약은 이제 필요 없습니다.
　 3 예약 취소를 부탁합니다.

정답 3

어휘 予約 예약 | 要りません 필요 없습니다 | キャンセル 취소 | お願いします 부탁해요

해설 예약했지만 갈 수가 없게 된 상황에서는 '예약 취소'라는 표현이 가장 자연스러우므로 3번이 정답이다.

4 ◎74

男 コンビニでアルバイトをしていますが、ちょっと
お手洗いに行きたくなりました。いっしょに働い
ている友達に何と言いますか。
女 1 ちょっと お手洗い 行く?
　 2 ちょっと お手洗い 行って来るね。
　 3 ちょっと お手洗い 行って来たら?

남 편의점에서 아르바이트를 하고 있습니다만, 화장실에 가고
싶어졌습니다. 같이 일하는 친구에게 뭐라고 말합니까?
여 1 잠시 화장실에 갈래?
　 2 잠시 화장실에 갔다 올게.
　 3 잠시 화장실에 갔다오는 게 어때?

정답 2

어휘 お手洗い 화장실 | 働く 일하다

해설 화장실에 가고 싶은 사람이 친구에게 하는 말로는 '잠시 화장실에 갔다 올게'라는 표현이 자연스러우므로 2번이 정
답이다. 1번은 같이 화장실에 가자는 의미이며 3번은 상대방에게 화장실을 가라는 의미이다.

확인문제 3

문제4. 문제4에서는 그림을 보면서 질문을 들으세요. 화살표(→)의 사람은 뭐라고 말합니까? 1~3 중에서 가장 적당한 것을 하나 고르세요.

1 ◎ 75

男 急用ができたので、今日の午後からは授業を休みたいです。先生に何と言いますか。

女 1 今日の午後の授業は 休んで くださいませんか。

　 2 今日の午後の授業は 休ませて いただきたいんですが。

　 3 今日の午後の授業は 休んだ方が いいですか。

남 급한 일이 생겨서 오늘 오후부터는 수업을 쉬고 싶습니다. 선생님께 뭐라고 말합니까?

여 1 오늘 오후 수업은 쉬어 주시겠어요?

　 2 오늘 오후 수업은 쉬고 싶은데요.

　 3 오늘 오후 수업은 쉬는 게 좋겠습니까?

정답 2

어휘 急用 급한 용무 | 午後 오후 | 休む 쉬다

해설 여기에서 포인트는 말하는 사람이 쉬는 것이지 상대방에게 쉬라고 해서는 안 되는 것이다. 많이 틀리는 표현 중 하나가 사역관련 표현인「~させてもらいたい」,「~させていただきたい」이다. 이 두 표현은 모두 화자의 의지에 관련된 말로 쉽게 생각하면「~たい」에 해당하므로 '(내가)~하고 싶다'로 암기하면 좋다. 이 표현과 비슷한 표현으로「~てもらいたい」,「~ていただきたい」가 있다. 이 두 가지 표현은 화자의 의지가 아니라 상대방이 해줬으면 하고 바라는 표현이므로 해석은 '(너가) ~해줬으면 좋겠다'가 된다. 그러므로 적절한 표현은 '내가 쉬고 싶다'에 해당하는 2번「休ませていただきたいんですが」가 된다.

2 ◎ 76

女 スープを作りました。友達に味を確かめてほしいです。何と言いますか。

男 1 ちょっと これ、食べてみようか。

　 2 ちょっと これ、食べてみて いい？

　 3 ちょっと これ、食べてみて くれない？

여 스프를 만들었습니다. 친구가 맛을 확인해 주었으면 합니다. 뭐라고 말합니까?

남 1 이것 좀 먹어 볼까?

　 2 이것 좀 먹어봐도 돼?

　 3 이것 좀 먹어보지 않을래?

정답 3

어휘 スープ 스프 | 作る 만들다 | 友達 친구 | 味 맛 | 確かめる 확인하다 | 食べる 먹다

상대방에게 부탁하는 표현을 찾는 문제이다. 상대방이 친구이므로 가볍게 부탁하고 있다. 「~てくれない(~해 주지 않을래?)」에 해당하므로 정답은 3번이다. 좀 더 정중한 표현으로 「~てくださいませんか(~해 주시지 않겠어요?)」가 있다.

3 ◎77

男 先輩と会う約束の時間に遅れて来てしまいました。待っていた先輩に何と言いますか。

女 1 お待たせして、もうしわけ ありません。
2 ご迷惑を おかけして、もうしわけ ありません。
3 ご苦労さまでした。

남 선배와 만날 약속시간에 늦게 와 버렸습니다. 기다리고 있던 선배에게 뭐라고 말합니까?

여 1 기다리게 해서 죄송합니다.
2 폐를 끼쳐서 죄송합니다.
3 수고하셨습니다.

정답 1

어휘 先輩 선배 | 約束 약속 | 時間 시간 | 遅れる 늦다 | 待つ 기다리다 | 迷惑をかける 폐를 끼치다 |

ごくろうさまでした 고생하셨습니다

해설 상대방이 나보다 윗사람인 선배이므로 정중한 사과 표현을 쓴다. 약속시간에 늦었을 때의 사과 표현은 1번이다.

4 ◎78

女 友達が安くていいホテルを探しています。インターネットにいいサイトがあるので教えたいです。何と言いますか。

男 1 この サイトで 探してみても かまいませんか。
2 この サイトで 探してみたら どうですか。
3 この サイトで 探してみたいと 思いませんか。

여 친구가 싸고 좋은 호텔을 찾고 있습니다. 인터넷에 좋은 사이트가 있어서, 가르쳐 주고 싶습니다. 뭐라고 말합니까?

남 1 이 사이트에서 찾아 봐도 상관없습니까?
2 이 사이트에서 찾아 보는 게 어때요?
3 이 사이트에서 찾아 보고 싶지 않으세요?

정답 2

어휘 安い 싸다 | ホテル 호텔 | 探す 찾다 | インターネット 인터넷 | サイト 사이트 | 教える 가르치다 | ~ても

かまわない ~해도 상관없다

해설 상대방에게 제안이나 권유를 할 때 쓰는 표현인 「~たらどうですか(~하는 게 어때요?)」라고 말하는 2번이 정답이다.

問題5 즉시응답

문제유형 즉시응답 (9문항)

짧은 문장을 듣고 그에 맞는 적절한 응답을 찾는 문제이다.

| 짧은 문장을 듣는다 | ➡ | 세 개의 선택지를 듣고 정답을 고른다 |

問題5 問題5では、問題用紙に何もいんさつされていません。まず文を聞いてください。それから、そのへんじを聞いて1から3の中から、最もよいものを一つえらんでください。

—メモ—

포인트

정답에 확신이 안 서는 경우에는 미련을 두지 말고, 바로 다음 문제에 집중할 수 있어야 한다. 그렇지 않으면 더 많은 문제를 놓치게 된다.

학습요령

〈問題5〉는 [친구나 부부사이], [상사와 부하], [선생님과 학생], [점원과 고객] 사이에서 이루어지는 짧은 대화(일문일답) 문제이다. 〈問題4〉에 이어서 경어표현이나 반말 표현 그리고 인사말 등에서 출제된다.
〈問題5〉는 짧은 문장을 듣고 적절한 응답을 찾으면 되는데, 세가지의 응답이 서로 엇비슷하거나 혼란스럽게 만들어져 있기 때문에 자신의 반사적인 직감을 믿고, 정답이 1번이라고 생각되면 2, 3번은 듣지 않는 등 정답이라고 생각되는 것 이외의 것은 과감히 버리는 방법을 권한다.

問題5 問題5では、問題用紙に何もいんさつされていません。 まず、 文を聞いてく
　　　 ださい。 それから、そのへんじを聞いて、 1 から3の中から、最もよいもの
　　　 を一つ選んでください。

1~9 ◎ 79~87

— メモ —

問題5 問題5では、問題用紙に何もいんさつされていません。 まず、 文を聞いてください。 それから、そのへんじを聞いて、 1から3の中から、最もよいものを一つ選んでください。

1~9　88~96

― メモ ―

問題5　問題5では、問題用紙に何もいんさつされていません。 まず、 文を聞いてく
　　　ださい。 それから、そのへんじを聞いて、 １から3の中から、最もよいもの
　　　を一つ選んでください。

1~9　◎　97~105

― メモ ―

확인문제 1

문제5. 문제5에서는 문제지에 아무것도 인쇄되어 있지 않습니다. 먼저 문장을 들으세요. 그리고 나서 그 대답을 듣고 1~3 중에서 가장 적당한 것을 하나 고르세요.

1 🎧 79

男 山田さんは　どんな人ですか。
女 1 あの人です。
　 2 親切な　人ですよ。
　 3 はい、山田さんです。

남 야마다 씨는 어떤 사람입니까?
여 1 저 사람입니다.
　 2 친절한 사람입니다.
　 3 네, 야마다씨입니다.

> **정답** 2
>
> **어휘** どんな 어떤 | 親切だ 친절하다
>
> **해설** 여기서는「どんな」가 포인트가 된다. 즉, 어떤 사람이냐는 물음에 맞게 답한 것은 2번이다.

2 🎧 80

女 すみません。これは　いくらですか。
男 1 250円です。
　 2 こうちゃです。
　 3 はい、それです。

여 저기요, 이거 얼마입니까?
남 1 250엔입니다.
　 2 홍차입니다.
　 3 네, 그것입니다.

> **정답** 1
>
> **어휘** いくら 얼마 | 紅茶 홍차
>
> **해설** 가격을 묻는 문제이고「いくら」가 포인트이다.

3 🎧 81

男 これは　キムさんの　コートですか。
女 1 そのくろいのです。
　 2 はい、コートです。
　 3 いいえ、私のです。

남 이것은 김 씨의 코트입니까?
여 1 그 검은 것입니다.
　 2 네, 코트입니다.
　 3 아니요, 제 것입니다.

> **정답** 3
>
> **어휘** コート 코트 | 黒い 검다
>
> **해설** 김 씨의 코트냐는 질문에 '네'라고 대답하든 '아니요'라고 대답하든 대답에 맞는 말이 따라 나와야 한다. 여기서 상황에 맞게 대답한 문장은 3번이다.

4 🎧 82

女 イさんの　教室は　どこですか。
男 1 あそこです。
　 2 とても　ひろいです。
　 3 イさんは　いませんよ。

여 이 씨의 교실은 어디입니까?
남 1 저기입니다.
　 2 아주 넓습니다.
　 3 이 씨는 없습니다.

5 🎧 83

女 ねえ、明日 どこか 行かない？	여 있지, 내일 어디 안 갈래?
男 1 うん、どこも 行かない。	남 1 응, 어디에도 안 가.
2 いいね、どこへ 行きたい？	2 좋아, 어디에 가고 싶어?
3 ううん、銀行へ 行くよ。	3 아니, 은행에 갈 거야.

6 🎧 84

女 今度の日曜日 できれば 会いたいんだけど、夜 しか 時間が ないの。	여 이번 일요일 가능하면 만나고 싶은데, 밤밖에 시간이 없어.
男 1 じゃ、夜でも いいよ。	남 1 그럼, 밤이라도 좋아.
2 じゃ、夜じゃなければ いいよ。	2 그럼, 밤이 아니면 좋아.
3 じゃ、昼なら 大丈夫だね。	3 그럼, 낮이라면 괜찮아.

7 🎧 85

女 ね、このくつ、いいでしょ？ 誕生日に イさんが くれたの。	여 봐, 이 구두 괜찮지? 생일날 이 씨가 줬어.
男 1 へえ。イさんの 誕生日に プレゼントするの？	남 1 아~. 이 씨 생일날 선물할 거야?
2 へえ。きみ、誕生日 いつだったの？	2 아~. 너, 생일 언제였어?
3 へえ。じゃ、いっしょに イさんに プレゼント しようか。	3 아~. 그럼, 함께 이 씨에게 선물할까?

8 ◎ 86

男 いろいろ　お世話になって、本当に　ありがとう
　　ございました。
女 1 はい、かしこまりました。
　　2 それは　いけませんね。
　　3 いいえ、どういたしまして。

남 여러 가지로 신세지게 되어 정말로 고맙습니다.
여 1 네, 알겠습니다.
　　2 그것 안 됐군요.
　　3 아니요, 천만에요.

정답 3

어휘 お世話になる 신세 지다 | 本当に 정말로

해설 '고맙다'라는 인사말에는 주로 '천만에요'가 따라 나온다.

9 ◎ 87

男 ちょっと、これ　見て　くれませんか。
女 1 はい。何ですか。
　　2 さっき、見て　もらいましたよ。
　　3 いいですね。

남 저~, 이거 좀 봐 주시겠습니까?
여 1 네. 뭐죠?
　　2 아까 봐 주셨어요.
　　3 좋군요.

정답 1

해설 무언가를 봐 달라고 의뢰하는 표현에 대한 가장 자연스러운 대답은 '그것이 무엇인가'를 묻는 1번이다.

확인문제 2

문제5. 문제5에서는 문제지에 아무것도 인쇄되어 있지 않습니다. 먼저 문장을 들으세요. 그리고 나서 그 대답을 듣고 1~3 중에서 가장 적당한 것을 하나 고르세요.

1 ◎ 88

女 机と　本棚は　どんなものが　ほしいんですか。
男 1 ええ、買いたいです。
　　2 できるだけ　大きいものが　いいですね。
　　3 やっぱり　あった方が　いいですね。

여 책상과 책장은 어떤 것을 갖고 싶어요?
남 1 네, 사고 싶습니다.
　　2 가능한 한 큰 것이 좋겠네요.
　　3 역시 있는 게 좋겠네요.

정답 2

어휘 机 책상 | 本棚 책장 | ほしい 갖고 싶다 | 買う 사다 | できるだけ 가능한 한 | やっぱり 역시

해설 「どんなもの(어떤 것)」이라고 질문을 했으므로, 형태나 사이즈에 관해 대답한 2번이 정답이 된다.

2 ◎ 89

男 先生、この　パンフレットは　もらっても　いい
　　ですか。
女 1 どうぞ　お持ちください。

남 선생님, 이 팸플릿은 가져가도 됩니까?

여 1 네, 가져 가세요.

2 もらって　あげますよ。

3 いいパンフレットですね。

2 얻어 줄게요.

3 좋은 팸플릿이네요.

정답 1

어휘 パンフレット 팸플릿

해설 팸플릿을 가져가도 되냐는 말에 대한 답으로 가장 적절한 것은 1번 '가져 가세요'이다.

---

3 🎧90

女 今日は　車で　来ましたから、お酒は　ちょっと…。

男 1 お酒なら　たくさん　ありますよ。

2 じゃあ、ちょっとだけ　来てください。

3 じゃあ、食事だけに　しましょう。

여 오늘은 차로 왔으니까, 술은 좀….

남 1 술이라면 많이 있어요.

2 그럼, 잠시만 와 주세요.

3 그럼, 식사만 합시다.

정답 3

어휘 お酒 술 | ～なら ～라면 | ～だけ ～만 | 食事 식사

해설 「ちょっと」라고 하는 말에는 여러 가지의 의미가 있다. 여기서는 상황 때문에 술을 못 마시겠다는 말이 생략된 것이므로 이 말을 듣고 할 수 있는 가장 적절한 대답은 술은 말고 식사만 하자는 3번이 정답이다.

---

4 🎧91

男 あー疲れた。ねえ、ちょっと　休んで、お茶でも　飲まない？

女 1 うん、コーヒーでも　飲もうか。

2 もっと　飲んでも　かまわないよ。

3 この　お茶、おいしいね。

남 아~ 피곤하다. 조금만 쉬고, 차라도 마시지 않을래?

여 1 응, 커피라도 마실까?

2 좀 더 마셔도 상관없어.

3 이 차, 맛있네.

정답 1

어휘 疲れる 피곤하다, 지치다 | 休む 쉬다 | お茶 차 | 飲む 마시다 | もっと 더, 좀더 | かまわない 상관없다

해설 상대방의 차를 마시자는 제안에 커피라도 마시자고 대답하는 1번이 정답이다.

---

5 🎧92

女 ねえ、来週の木曜か　金曜、時間　ある？

男 1 いろいろ　あるよ。

2 うん、両方とも　空いてるよ。

3 じゃあ、また　今度。

여 있잖아, 다음 주 목요일이나 금요일, 시간 있어?

남 1 여러 가지 있어.

2 응, 모두 비어 있어.

3 그럼, 다음에 만나.

정답 2

어휘 来週 다음 주 | 時間 시간 | いろいろ 여러 가지 | 両方 양쪽 | 空く 비다

해설 상대방이 두 요일 중에 시간이 있는 요일을 묻고 있으므로 시간이 된다면 둘 중 하나를 또는 둘 다 괜찮다고 대답할 수 있다. 정답은 2번이다.

6 (◎) 93

男 北海道に 旅行に 行ってきたんだって。

女 1 もう、行ったかもしれませんね。

　2 そうですね。天気が よければ。

　3 ええ、よかったですよ。

남 홋카이도로 여행 다녀 왔다면서?

여 1 벌써 갔는지도 모르겠습니다.

　2 그러네요, 날씨가 좋으면.

　3 네, 좋았습니다.

> **정답** 3
>
> **어휘** 旅行 여행 | もう 이미, 벌써 | ～かもしれない ～일지도 모른다 | 天気 날씨
>
> **해설** 여행 다녀온 것에 대해 상대방이 묻고 있다. 여기에서는 3번이 여행을 다녀온 느낌이므로 가장 적절한 답이 된다.

7 (◎) 94

女 じゃ、気をつけて。また 遊びに 来てください。

男 1 はい、どうも おじゃましました。

　2 おひさしぶりです。

　3 お世話になります。

여 그럼, 조심하고 또 놀러 오세요.

남 1 네, 정말 실례했습니다.

　2 오랜만입니다.

　3 신세 지겠습니다.

> **정답** 1
>
> **어휘** 気をつける 조심하다 | 遊ぶ 놀다 | おじゃましました 실례했습니다 | おひさしぶりです 오랜만입니다 | お世話になります 신세지겠습니다
>
> **해설** 남의 집을 방문했다가 나오는 상황. 이때는 오랫동안 있어서 실례가 많았다는 표현이 가장 적합하다. 정답은 1번이다.

8 (◎) 95

男 あのねえ、報告は もっと 早く してくれると いいんだけどなあ。

女 1 ええ、もっと 早いと いいですね。

　2 はい。本当に いいですね。

　3 すみません、気を つけます。

남 저 말이야, 보고는 좀 더 빨리 해주면 좋겠는데.

여 1 네, 좀 더 빠르면 좋을 텐데요.

　2 네, 정말로 좋네요.

　3 죄송합니다, 주의하겠습니다.

> **정답** 3
>
> **어휘** 報告 보고
>
> **해설** 상대방에게 내가 보고를 늦게 해서 주의받고 있는 장면이다. 주의를 받아 그에 대한 사과를 하는 것이 가장 적절하다. 따라서 정답은 3번이다.

9 (◎) 96

女 あ、部長、営業部の 田中課長が 電話くださいって おっしゃってましたよ。

男 1 そう。じゃ、後で 連絡してみます。

　2 じゃ、もう 少し 待ってみます。

　3 ちょっと 電話 かわって ください。

여 아, 부장님. 영업부의 다나카 과장님이 전화 달라고 하셨어요.

남 1 그래? 그럼, 나중에 연락해 보겠습니다.

　2 그렇다면 조금 더 기다려 보겠습니다.

　3 잠깐 전화 바꿔 주세요.

어휘 部長 부장 | 営業部 영업부 | 課長 과장 | 〜って 〜라고 | おっしゃる 말씀하시다 | 後で 나중에 | 連絡 연락 | もう少し 조금 더 | 待つ 기다리다 | 電話(を)かわる 전화를 바꾸다

해설 부재중일 때 온 전화를 직장 동료가 받고 상대방에게 전화를 다시 해 달라는 메시지를 전하는 것에 대한 즉시응답을 고르는 문제이다. 가장 적절한 응답은 나중에 내 쪽에서 연락해 보겠다는 내용인 1번이다.

확인문제 3

문제5. 문제5에서는 문제지에 아무것도 인쇄되어 있지 않습니다. 먼저 문장을 들으세요. 그리고 나서 그 대답을 듣고 1~3 중에서 가장 적당한 것을 하나 고르세요.

1 🎧97

男 あのう、この席、空いてますか？
女 1 ええ、あの席です。
　 2 あ、今 トイレに 行ってるんです。
　 3 こんでいて、席が ありませんね。

남 저기, 이 자리 비어 있습니까?
여 1 네, 저 자리입니다.
　 2 아, 지금 화장실에 갔습니다.
　 3 붐벼서 자리가 없네요

정답 2

어휘 席が空く 자리가 비다

해설 옆 사람에게 자리가 비어 있는지를 묻는 질문에 대한 가장 적절한 대답을 고르면 2번이다.

2 🎧98

女 あのね。今度 わたし、スピーチコンテストに 出る ことに なったんだよ。
男 1 そうだよ。出た方が いいよ。
　 2 へー、すごいね。がんばれよ。
　 3 うん、とても 上手だったよ。

여 저기 말이야. 이번에 나 스피치 콘테스트에 나가게 되었어.

남 1 그래. 참석하는 편이 좋아.
　 2 와, 굉장하네. 힘내.
　 3 응, 정말 잘했어.

정답 2

어휘 今度 이번 | 出る 나가다 | すごい 대단하다 | がんばれ 힘내 | 上手だ 잘하다

해설 「今度(이번에)」는 미래 시제로 콘테스트에는 아직 출전한 것이 아니므로 정답은 2번이다.

3 🎧99

男 部長、書類は 今、お持ちしましょうか。
女 1 ええ、持って ください。
　 2 いいえ、どういたしまして。
　 3 もう少し、後で 持って来て ください。

남 부장님, 서류는 지금 가져갈까요?
여 1 네, 가지세요.
　 2 아니요, 천만에요.
　 3 조금 있다가 가져 오세요.

정답 3

어휘 書類 서류 | お持ちする 가져오다(겸양어)

해설 '지금 서류를 가져갈까요'에 대한 대답으로 가장 적절한 것은 조금 있다가 가져오라는 3번이다.

---

4 ◎ 100

女 山本さん、来月　結婚するって　言ってたけど…。
結婚式、いつだった？
男 1 3年前だったよ。
2 去年の5月だったよ。
3 来月の5日だったと　思うよ。

여 야마모토 씨. 다음 달에 결혼한다고 했는데. 결혼식 언제였
지?
남 1 3년 전이었어.
2 작년 5월이었어.
3 다음 달 5일일거야.

정답 3

어휘 来月 다음 달 | 結婚 결혼 | 去年 작년

해설 다음 달의 결혼식 날짜를 묻는 것이므로 '다음 달 며칠'이라는 대답이 적절하다. 1, 2번은 이미 지난 일을 말하고 있으므로 적절하지 않다.

---

5 ◎ 101

女 重いですね、このスーツケース。20キロ以上　あ
りそうですね。
男 1 そうですね。あるかも　しれませんね。
2 ええ、どこにでも　ありそうですね。
3 何か　ありましたか。

여 무겁네요. 이 여행용 가방. 20킬로그램 이상 될 것 같은데요.

남 1 그렇네요. 그 정도 될지도 모르겠네요.
2 네, 어디에나 있을 것 같네요.
3 무슨 일 있었습니까?

정답 1

어휘 重い 무겁다 | スーツケース 여행용 가방 | キロ 킬로그램 (무게) | 以上 이상

해설 「숫자 개념 + ある」의 해석은 '~만한 수량이 되다, ~만한 수량이 나가다'가 되는 것에 주의해야 한다.

---

6 ◎ 102

女 どうも、ご苦労さまでした。今、お茶　入れますね。
男 1 ええ、おかげさまで。
2 どうも、ごちそうさまでした。
3 はい、ありがとうございます。

여 수고 많았어요. 지금 차를 끓일게요.
남 1 네, 덕분에요.
2 잘 먹었습니다.
3 네, 고맙습니다.

정답 3

어휘 お茶を入れる 차를 타다 | ごちそうさまでした 잘 먹었습니다

해설 자신을 위해서 차를 끓여오겠다는 말에 대해 '고맙습니다'라고 답한 3번이 정답이다. 2번은 음식이나 차를 다 먹고 난 후에 하는 인사말이다.

7 ⊙ 103

女 ねえ、あした　映画でも　見に　行かない？
男 1 今、それどころじゃ　ないんだよ。
　　2 見に　行けなかったんだよ。
　　3 それじゃ、見なくちゃ　いけないね。

여 있지, 내일 영화라도 보러 안 갈래?
남 1 지금 그럴 상황이 아니야.
　　2 보러 가지 못했어.
　　3 그럼, 안 보면 안 되겠네.

정답 1

어휘 映画 영화 | ～ちゃいけない ～해서는 안된다

해설 「それどころじゃない」의 해석은 '그럴 상황이 아니야'라는 것에 주의해야 한다. 영화를 보러 가자는 권유에 가장 적절한 대답은 1번이다.

---

8 ⊙ 104

男 先生、あしたの　お天気は　だいじょうぶでしょうか。雨　降らないと　いいんですが…。
女 1 あまり　元気じゃ　ありませんね。
　　2 ちょっと　心配ですね。
　　3 すぐ　病院に　行ってください。

남 선생님, 내일 날씨는 괜찮을까요? 비가 안 오면 다행이지만….
여 1 그다지 건강하지 않아요.
　　2 좀 걱정이네요.
　　3 바로 병원에 가세요.

정답 2

어휘 天気 날씨 | 雨 비 | 降る (비,눈 등이) 내리다 | 元気だ 건강하다 | 心配 걱정 | 病院 병원

해설 '비가 안 왔으면 좋겠다'라며 날씨에 대해 걱정하는 말에 대해 '좀 걱정이다'라고 답한 2번이 정답이다.

---

9 ⊙ 105

男 田中先生、来月で学校やめて、結婚するそうですよ。残念ですね、本当に。
女 1 やめて　もらいたいですね、本当に。
　　2 やめないで　続けたいですね。
　　3 やめないで　続けて　ほしいですね。

남 다나카 선생님, 다음 달로 학교 그만두고, 결혼한다면서요?
　　유감이네요, 정말로.
여 1 그만둬 주었으면 좋겠네요, 정말로.
　　2 그만두지 말고 계속 하고 싶네요.
　　3 그만두지 말고 계속 해 주었으면 좋겠네요.

정답 3

어휘 やめる 그만두다, 관두다 | 結婚する 결혼하다 | 残念だ 유감스럽다 | 本当に 정말로 | 続ける 계속하다

해설 「～てもらいたい」는 직역을 하면 '～함을 받고 싶다'이고 의역을 하면 '～해 주었으면 좋겠다'라는 의미이다. 「～てほしい」는 '～해 주기를 바란다'는 의미임을 기억해 두자.

問題1 ◎ 106

問題1では、まず質問を聞いてください。それから話を聞いて、問題用紙の1から4の中から、最もよいものを一つえらんでください。

1番

1 喫茶店に行く
2 喫茶店で鈴木君を待つ
3 鈴木君に電話をする
4 鈴木君の電話番号を聞く

2番

12月

日	月	火	水	木	金	土
					1	2
3	4	5	6	7	8	9
10	11	12	13	14	15	16
17	18	19	20	21	22	㉠23
㋑24	㋒25	㋓26	㋔27	28	29	30
31						

1 ㋐か㋑
2 ㋑か㋒
3 ㋒か㋓
4 ㋔

3番

1 先生に雑誌を返す

2 先生から漫画の本を借りる

3 本屋で漫画の本を探す

4 先生から空手を習う

4番

1 部屋を大きい部屋に変える

2 部屋の椅子を増やす

3 料理長に頼んで、料理を変える

4 料理長に頼んでお皿を変える

5番

1 マイクをチェックする

2 お客様の名簿の人数を確認する

3 お客様の名簿を受け取る

4 お客様の名前の読み方を確認する

6番

1 鞄を持って中に入る

2 展示されている物の写真を撮る

3 展示されている物をさわる

4 店でおみやげを買う

問題2

問題2では、まず質問を聞いてください。そのあと、問題用紙のせんたくしを読んでください。読む時間があります。それから話を聞いて、問題用紙の1から4の中から、最もよいものを一つえらんでください。

1番

1 駅の改札
2 喫茶店
3 デパート
4 レストラン

2番

1 洗濯機
2 ワイン
3 ホテルの食事券
4 温泉旅行

3番

1 古い名刺の整理ができないので

2 自分の名刺が全部なくなってしまったので

3 友達に電話ができないので

4 友達の名刺が見つからないので

4番

1 さくらドームの席がよくないから

2 チケットの値段が高いから

3 知らない人たちと一緒に行くのがいやだから

4 会社の人と一緒にテレビでゆっくり見たいから

5番

1 パソコンが壊れて、明日直してもらうので

2 学校のパソコンからはメールが送れないので

3 レポートを書くのに今週いっぱいまで時間がかかるので

4 パソコンのデータが全部消えてしまったので

6番

1 おいしいものをたくさん食べたこと

2 たくさんの人と友達になったこと

3 外国人の友達ができたこと

4 すばらしい景色の写真をたくさん撮ることができたこと

問題3

問題3では、問題用紙に何もいんさつされていません。この問題は、ぜんたいとしてどんなないようかを聞く問題です。話の前に質問はありません。まず話を聞いてください。それから、質問とせんたくしを聞いて、1から4の中から、最もよいものを一つえらんでください。

―メモ―

問題4

問題4では、えを見ながら質問を聞いてください。やじるし（→）の人は何と言いますか。1から3の中から、最もよいものを一つ選んでください。

1番

2番

3番

4番

問題5

問題5では、問題用紙に何もいんさつされていません。まず文を聞いてください。それから、それに対するへんじを聞いて、1から3の中から、最もよいものを一つえらんでください。

―メモ―

문제 1 문제1에서는 먼저 질문을 들으세요. 그리고 이야기를 듣고, 문제지의 1~4중에서 가장 적당한 것을 하나 고르세요.

◎ 106

1 ▶▶ 02:20

^{がっこう}学校で、^{おんな}女の^{がくせい}学生と^{おとこ}男の^{がくせい}学生が^{はな}話しています。^{おんな}女の^{がくせい}学生は、このあとまず^{なに}何をしますか。

女 ねえ、今ちょっといい？

男 うん、どうしたの？

女 ノートパソコンが^{うご}動かなくなっちゃって。これ^{こわ}壊れちゃったのかなあ。

男 コンピュータのことは^{くわ}詳しくないんだよなあ。あ、^{すずき}鈴木に^き聞いたら？さっきまで^{いっしょ}一緒にいたんだけど、^{がっこう}学校の^{よこ}横の^{きっさてん}喫茶店に。まだいると^{おも}思うよ。

女 ^{すずきくん}鈴木君って、わたし^{した}親しくないから。^{わる}悪いけど、^{さき}先に^{でんわ}電話して^{たの}頼んでおいてよ。

男 うん、^{でんわ}電話しとくから、^{はや}早く^い行ってみたら。

女 うん、ありがとう。^{いちおう}一応^{すずきくん}鈴木君の^{でんわばんごう}電話番号も^{おし}教えてもらえる？もう^{きっさてん}喫茶店にいないかもしれないし。

男 いいよ。じゃ、ちょっと^ま待って。

^{おんな}女の^{がくせい}学生は、このあとまず^{なに}何をしますか。
1 ^{きっさてん}喫茶店に^い行く
2 ^{きっさてん}喫茶店で^{すずきくん}鈴木君を^ま待つ
3 ^{すずきくん}鈴木君に^{でんわ}電話をする
4 ^{すずきくん}鈴木君の^{でんわばんごう}電話番号を^き聞く

학교에서 여학생과 남학생이 이야기하고 있습니다. 여학생은 이 다음 우선 무엇을 합니까?

여 있잖아, 지금 잠깐 시간 있어?

남 응, 무슨 일이야.

여 노트북이 작동되지 않아서. 이거 고장 난 건가?

남 컴퓨터에 대해서는 잘 모르는데. 아, 스즈키군에게 물어보면? 조금 전까지 같이 있었는데, 학교 옆 찻집에. 아직 있을 거야.

여 스즈키는 난 친하지 않아서. 미안하지만 먼저 전화해서 부탁해 둬 줘.

남 응, 전화해 둘 테니까, 빨리 가 봐.

여 응, 고마워. 우선 스즈키 전화번호도 가르쳐 줄 수 있어? 이제 찻집에 없을지도 모르고.

남 좋아. 그럼, 잠깐 기다려.

여학생은 이 다음 우선 무엇을 합니까?
1 찻집에 간다
2 찻집에서 스즈키 군을 기다린다
3 스즈키 군한테 전화를 한다
4 스즈키 군의 전화번호를 듣는다

정답 4 **문제유형** 과제이해

어휘 ^{うご}動く 움직이다, 작동하다 | ^{こわ}壊れる 망가지다, 고장나다 | ～ちゃう ～해 버리다(「～てしまう」의 줄임말) | ^{きっ}喫^{さてん}茶店 찻집 | ^{わる}悪い 미안하다 | ^{たの}頼む 부탁하다 | ～とく ～해 두다(「～ておく」의 줄임말) | ^{いちおう}一応 일단, 우선

해설 여자가 마지막에 '스즈키 전화번호도 가르쳐 줄래?'라는 부탁에 남자가 잠깐 기다리라고 했으므로 이후 여자가 할 일은 3번 스즈키의 전화번호를 듣는 일이 된다.

2 ▶▶ 03:50

^{いえ}家で、^{おとこ}男の^{ひと}人と^{おんな}女の^{ひと}人が^{かぞく}家族で^{いなか}田舎に^{かえ}帰る^{はなし}話をしています。^{おんな}女の^{ひと}人は、いつの^{ひこうき}飛行機を^{よやく}予約しますか。

男 ねえ、^{ねんまつ}年末にみんなで^{いなか}田舎に^{かえ}帰る^{ひこうき}飛行機だけど、^{しら}調べてみた？

女 うん、^{しら}調べてるんだけど、^{ねんまつ}年末はもうどこも^{いっ}一^{ぱい}杯ねえ。26^{にち}日の^{よる}夜の^{ひこうき}飛行機にやっと^{くうせき}空席^み見つけたら、^{ふた}二つしか^あ空いてなかったし、27^{にち}日からはず一っと^{まんせき}満席ばっかりなのよねえ。

집에서 남자와 여자가 가족 모두 고향에 가는 이야기를 하고 있습니다. 여자는 언제의 비행기를 예약합니까?

남 저기, 연말에 모두 같이 고향에 가는 비행기말인데, 알아 봤어?

여 응, 알아보고 있는데, 연말은 이미 어디나 꽉 찼어. 26일 밤 비행기에 간신히 빈자리 찾았는데 두 자리밖에 비지 않았고 27일부터는 계속 만석 뿐이야.

男 じゃ、やっぱり子供たちと三人で君が先に行くしかないね。僕は26日に仕事終ったら、できるだけ早く新幹線で行くことにするから。

女 じゃ、そうするね。そうすると、その前の月曜日か週末なんだけど、週末はもう料金が高い席しか空いてないのよ。でも、子供たちもいるし、荷物も多くなりそうだから、空港まで車で送ってもらおうと思ったら、月曜日じゃダメでしょ？まだ会社があるし。

男 わかったよ。それでいいから早く予約しときなさいよ。

女の人は、いつの飛行機を予約しますか。
1 ⑦かイ
2 ⑦かウ
3 ⑦か工
4 ⑦

남 그럼, 역시 아이들하고 셋이서 당신이 먼저 갈 수 밖에 없네. 나는 26일 일이 끝나면 가능한 한 빨리 신칸센으로 가기로 할 테니까.

여 그럼, 그렇게 할게. 그러면, 그 전 월요일이나 주말인데, 주말은 요금이 비싼 자리밖에 남아 있지 않아. 하지만, 아이들도 있고 짐도 많아질 것 같으니까 공항까지 차로 데려다 줬으면 하는데, 월요일이면 안 되잖아? 아직 일이 있고.

남 알겠어. 그걸로 괜찮으니까 빨리 예약해 둬.

여자는 언제 비행기를 예약합니까?
1 ア아니면 イ
2 イ아니면 ウ
3 ウ아니면工
4 オ

12月

日	月	火	水	木	金	土
					1	2
3	4	5	6	7	8	9
10	11	12	13	14	15	16
17	18	19	20	21	22	23⑦
24①	25②	26③	27④	28	29	30
31						

정답 1 **문제유형** 과제이해

어휘 田舎 시골, 고향 | 飛行機 비행기 | 調べる 조사하다, 알아보다 | 一杯 가득 | 空席 공석 | 見つける 발견하다, 찾아내다 | 空く 비다 | 満席 만석 | 新幹線 신칸센 (일본의 고속간선철도) | 週末 주말 | 料金 요금 | 荷物 짐 | 空港 공항 | 送る 배웅하다, 데려다 주다 | 予約 예약

해설 27일은 만석이고 26일은 두 자리 밖에 없어서 남편은 26일 신칸센을 타고 가기로 했다. 아이들과 부인은 26, 27일 그 전 월요일이나면 주말인데 주말은 요금이 비싸긴 하지만 아이도 있고 짐도 많아질 것 같아서 남편이 공항까지 데려다 주려면 월요일은 일 때문에 불가능하므로 주말로 정하게 된다. 그러므로 정답은 23일(ア) 아니면 24일(イ)이다.

3 ▶ 05:35

学校で、女の学生と男の先生が話しています。女の学生は、このあとまず何をしますか。

女 先生、これこの前貸していただいた空手の雑誌です。どうもありがとうございました。あの、それで、もっと空手のことが知りたいんですが、何かいい本はないでしょうか。

학교에서 여학생과 남학생이 말하고 있습니다. 여학생은 이후 우선 무엇을 합니까?

여 선생님, 이거 요전에 빌려주신 가라테 잡지입니다. 정말 감사했습니다. 저, 그래서 좀 더 가라테에 관한 것을 알고 싶은데, 뭔가 좋은 책 없을까요?

男 そうだね、じゃ、「空手ドラゴン」読んでみる？漫画の本なんだけど、空手のことがよくわかるし、ストーリーも面白いし。ちょっと古い漫画だから、本屋で売ってるかわからないけど、一度探してみたら。なかった時は貸してあげるから。

女 はい、「空手ドラゴン」ですね。今日、本屋に行ってみます。先生、いつか時間のある時に空手教えてください。

男 ああ、いいよ。

女 おす!!

男 いやあ、ホントに空手が好きなんだね。

女の学生は、このあとまず何をしますか。
1 先生に雑誌を返す
2 先生から漫画の本を借りる
3 本屋で漫画の本を探す
4 先生から空手を習う

남 글세, 그럼 '가라테 드래곤' 읽어 볼래? 만화책인데 가라테에 대해 잘 알 수 있고, 스토리도 재미있고, 좀 오래된 만화라서 서점에서 팔고 있는지 알 수 없지만, 한번 찾아봐. 없으면 빌려줄 테니까.

여 네, '가라테 드래곤+' 말이죠. 오늘 서점에 가 보겠습니다. 선생님 언제 시간 있을 때 가라테를 가르쳐 주세요.

남 아, 좋아.

여 오스 (가라테식 인사)!

남 이야~, 정말 가라테를 좋아하는구나.

여학생은 이 다음 우선 무엇을 합니까?
1 선생님에게 잡지를 돌려준다
2 선생님한테 만화책을 빌린다
3 서점에서 만화책을 찾는다
4 선생님한테 가라테를 배운다

정답 3 　**문제유형** 과제이해

어휘 貸す 빌려주다 | 雑誌 잡지 | 空手 가라테(공수도) | ～のこと ～에 대해 | 漫画 만화 | 探す 찾다 | おす 가라테, 검도, 유도 등의 무도에서 사용되는 인사 중 하나

해설 가라테를 좋아하는 여학생에게 선생님은 「空手ドラゴン」이라는 만화책을 볼 것을 추천한다. 서점에 없을 경우 본인 책을 빌려주겠다고 하지만 여학생은 서점에 가 보겠다고 했으니, 3번 '서점에서 만화책을 찾는다'이다.

---

4 ▶ 07:08

レストランで男の店員と女の店員が話しています。男の店員は、このあと何をしますか。

男 ねえ、今夜ご予約の松下様からさっき電話があって、人数が8人から10人に増えたから部屋を変えてほしいって言われたんだけど。

女 今日は無理よ、どの部屋も一杯なんだから。松下様のお部屋なら、椅子は何とか置けると思うけど、お料理がステーキでしょ。お皿が10人分載るかが心配ね。

男 料理のほうをステーキはやめて、コンパクトな焼肉弁当に変えてもらおうか。

女 焼肉弁当は夜のメニューには無いでしょ。

男 そこは料理長の林さんにお願いして…。

女 うん、あのね、お皿を小さいのにすれば何とかなるんじゃないかな。8人用のテーブルでも。

레스토랑에서 남자 점원과 여자 점원이 이야기하고 있습니다. 남자 점원은 이후 무엇을 합니까?

남 이봐, 오늘 밤 예약하신 마츠시타 님으로부터 좀 전에 전화가 와서, 인원수가 8명에서 10명으로 늘었기 때문에 방을 바꿔줬으면 좋겠다고 하는데….

여 오늘은 무리야, 어느 방이나 다 찼으니까. 마츠시타님 방이라면 의자는 어떻게든 놓을 수 있을 것 같은데, 요리가 스테이크지. 접시가 10인분 올라갈지가 걱정이네.

남 요리 쪽을 스테이크 말고, 컴팩트한 야키니쿠(불고기) 도시락으로 변경해 달라고 할까.

여 야키니쿠 도시락은 저녁 메뉴에는 없지.

남 그건 조리장 하야시 씨한테 부탁해서…

여 그래, 근데 말이지. 접시를 작은 것으로 하면 어떻게 되지 않을까. 8인용 테이블이라도.

男　なるほど、それがいいね。じゃ、部屋のほうは
　　僕がやっとくから、料理長に頼んで来て。

男の店員は、このあと何をしますか。
1 部屋を大きい部屋に変える
2 部屋の椅子を増やす
3 料理長に頼んで、料理を変える
4 料理長に頼んでお皿を変える

남　그렇군, 그게 좋겠네. 그럼 방은 내가 해둘 테니까, 조리장
　　한테 부탁하고 와줘.

남자점원은 이 다음 무엇을 합니까?
1 방을 옮긴다
2 방에 의자를 늘린다
3 조리장에게 부탁해서 요리를 바꾼다
4 조리장에게 부탁해서 접시를 바꾼다

정답 2　**문제유형** 과제이해

어휘 人数 인원수 | 増える 늘어나다 | 変える 바꾸다 | 何とか 어떻게든, 겨우 | 載る 얹히다, 놓이다 | なるほ
ど 과연, 그렇군

해설 마지막 남자 말에 주목하면 방에서 할 일, 즉 의자를 늘리는 일은 본인이 하고 여자에게는 조리장에게 작은 접시
사용을 부탁하고 오라고 지시한다. 따라서 남자 점원이 할 일은 2번 방에 의자를 늘리는 일이 된다.

5　▶ 08:45

事務所で男の職員と女の職員が話しています。男の
職員は、このあとまず何をすることにしましたか。

男　中村さん、明日のパーティー、僕が司会をする
　　ことになったんですが、何か気をつけたほうが
　　いいことってありますか。
女　そうね。マイクはきちんとチェックしたほうが
　　いいんだけど。
男　さっき一度したんですが、明日もう一度やるつ
　　もりです。
女　うん、そうだ。パーティーに来ていただくお客
　　様。ご挨拶をしていただく方とか。ご紹介をし
　　なくてはいけない方とか。皆さんのお名前なん
　　だけど。
男　はい、全部で6人の方の名簿をいただいています。
女　だから、それよ、それ。読み方のほうは確認した？
男　あっ、そうですね。名前は漢字を見ただけでは
　　わかりませんからね。
女　そう。失礼にならないように確かめないと。
男　はい、早速やっておきます。

男の職員は、このあとまず何をすることにしましたか。
1 マイクをチェックする
2 お客様の名簿の人数を確認する
3 お客様の名簿を受け取る
4 お客様の名前の読み方を確認する

사무실에서 남자 직원과 여자 직원이 이야기하고 있습니다. 남
자직원은 이후 우선 무엇을 하기로 했습니까?

남　나카무라 씨, 내일 파티 제가 사회를 보게 되었는데요, 뭔가
　　주의해야 하는 것이 있습니까?
여　그렇군. 마이크는 꼼꼼히 체크하는 게 좋은데.
남　좀 전에 한번 했습니다만 내일 한번 더 할 생각입니다.
여　응, 맞다. 파티에 와 주실 손님. 인사해 주실 분이라든가. 소
　　개해야 하는 분이라든가. 모두의 이름 말인데.
남　네, 전부 여섯 분의 명단을 받았습니다.
여　그러니까, 그거야 그거. (한자) 읽는 법은 확인했어?
남　아ー 그렇군요. 이름은 한자를 보기만 해서는 알 수 없으니
　　까요.
여　그래. 실례가 되지 않도록 확인하지 않으면 (안돼).
남　네, 즉시 해 두겠습니다.

남자 직원은 이후 우선 무엇을 하기로 했습니까?
1 마이크를 체크한다
2 손님 명단의 인원수를 확인한다
3 손님 명단을 받는다
4 손님 이름 읽는 법을 확인한다

정답 4 **문제유형** 과제이해

어휘 職員 직원 | 司会 사회 | 挨拶 인사 | 紹介 소개 | 名簿 명부, 명단 | 確認 확인 | 確かめる 확인하다 | 早速 즉시, 당장

해설 남자 직원이 파티에서 사회를 볼 때 주의점을 묻자 여자 직원은 손님 이름의 한자 읽는 법을 체크 했는지 확인한다. 그리고 실례가 될 수 있으니 확인해 둘 것을 권한다. 남자 직원은 마지막에 즉시 하겠다고 대답했으니, 4번 '손님 이름 읽는 법을 확인한다'가 정답이다.

---

6 ▶▶ 10:23

博物館の前で、先生が学生たちに話しています。学生たちが、してはいけないことは何ですか。

男 えー、それでは今から博物館の中に入りますが、鞄は持って入れませんので、あそこのロッカーに入れておいてください。この「世界おもちゃ博物館」では写真を撮るのも自由ですし、展示されている物にさわることもできます。自由に見て回ってください。時間は十分ありますから、お土産を買いたい人は、出口の前にお店がありますから、そこで買い物もしてください。

学生たちがしてはいけないことは何ですか。
1 鞄を持って中に入る
2 展示されている物の写真を撮る
3 展示されている物をさわる
4 店でお土産を買う

박물관 앞에서 선생님이 학생들에게 말하고 있습니다. 학생들이 해서는 안 되는 것 은 무엇입니까?

남 음~. 그럼 지금부터 박물관 안에 들어가겠습니다만, 가방은 가지고 들어갈 수 없으니까, 저쪽 로커(보관함)에 넣어두세요. 이 '세계 장난감 박물관'에서는 사진을 찍는 것도 자유고, 전시된 물건을 만지는 것도 가능합니다. 자유롭게 둘러보세요. 시간은 충분히 있기 때문에 기념품을 사고 싶은 사람은 출구 앞에 가게가 있으니까. 거기에서 쇼핑도 하세요.

학생들이 해서는 안 되는 것은 무엇입니까?
1 가방을 가지고 안에 들어간다
2 전시된 물건의 사진을 찍는다
3 전시된 물건을 만진다
4 가게에서 선물을 산다

정답 1 **문제유형** 과제이해

어휘 博物館 박물관 | ロッカー 로커(보관함) | 鞄 가방 | 展示 전시 | 触る 만지다 | お土産 기념품 | 出口 출구

해설 제시된 문제가 '해서는 안 되는 것'을 찾는 것이다. 처음에 선생님이 가방은 가지고 들어갈 수 없으니까 로커에 넣어두라고 한다. 그래서 정답은 1번 '가방을 가지고 안에 들어간다'가 된다. 그 후 가능한 것으로서 사진 찍는 것, 전시물을 만지는 것도 말하고 쇼핑도 하라고 한다.

문제 2 문제2에서는 먼저 질문을 들으세요. 그 후 문제지의 선택지를 읽으세요. 읽을 시간이 있습니다. 그리고 이야기를 듣고 문제지의 1~4 중에서 가장 적당한 것을 하나 고르세요.

1 ▶ 13:49

携帯電話で、男の人と女の人が話しています。二人は、どこで会うことにしましたか。

男 もしもし、僕だけど。もう駅に着いてる？

女 うん。駅の改札の前で待ってるけど。どこにいるの？

男 実は、いま仕事が終わって、これから電車に乗るんだ。

女 えー、そうなの？どれくらいかかりそう？

男 あと、40分くらいかかると思うから、喫茶店にでも入って待ってて。

女 そんなにかかるの？じゃ、駅のデパートにいるから、着いたら電話してくれる？すぐ改札のほうに行くから。

男 わかった。本当にごめんね。その代わり、今日はフランス料理ごちそうするよ。

女 わー、それじゃもう少し遅れてもいいよ〜。

二人はどこで会うことにしましたか。
1 駅の改札
2 喫茶店
3 デパート
4 レストラン

휴대전화로 남자와 여자가 이야기하고 있습니다. 두 사람은 어디서 만나기로 했습니까?

남 여보세요. 난데. 벌써 역에 도착했어?

여 응. 역 개찰구 앞에서 기다리고 있는데, 어디에 있어?

남 실은 지금 일이 끝나서, 이제 전철을 탈 거야.

여 음, 그래? 어느 정도 걸릴 것 같아?

남 앞으로, 40분 정도 걸릴 것 같으니까, 찻집에라도 들어가서 기다리고 있어.

여 그렇게나 걸려? 그럼, 역 백화점에 있을 테니까 도착하면 전화해 줄래? 바로 개찰구 쪽으로 갈 테니까.

남 알았어. 정말 미안해. 그 대신, 오늘은 프랑스 요리 대접할게.

여 와~, 그럼 좀 더 늦어도 괜찮아.

두 사람은 어디서 만나기로 했습니까?
1 역 개찰구
2 찻집
3 백화점
4 레스토랑

정답 1 문제유형 포인트이해

어휘 改札 개찰 | 喫茶店 커피숍 | 着く 도착하다 | ごめん 미안 | 代わり 대신 | ごちそうする 대접하다 | 遅れる 늦어지다

해설 처음에는 개찰구에서 만나기로 했지만 남자가 일이 늦게 끝나 40분 늦어지는데, 그 동안 여자는 역 백화점에 있겠다고 한다. 그러나 마지막에 도착해서 전화 주면 개찰구 쪽으로 가겠다고 말했으므로 정답은 1번 '역 개찰구'가 된다.

---

2 ▶ 15:28

家で、女の人と男の人が話しています。二人は両親に何を贈ることにしましたか。

女 来月は、お父さんとお母さんの結婚記念日よね。

男 ああ、そうだね。今年はプレゼント何にしようか。

女 私は洗濯機にしようかって考えてるんだけど。

男 えー、なんで。ワインぐらいで充分じゃないの。

女 今年は結婚30周年なんだって。何かもっと記

집에서 여자와 남자가 이야기하고 있습니다. 두 사람은 부모님에게 무엇을 선물하기로 했습니까?

여 다음 달은 아버님하고 어머님의 결혼기념일이지?

남 아~, 그러네. 올해는 선물 뭐로 할까?

여 나는 세탁기로 할까 생각하고 있는데.

남 어, 왜. 와인 정도로 충분하지 않아?

여 올해는 결혼 30주년이래. 뭔가 좀 기념이 될 만한 것이 아니면.

念になるものでないと。

男　それならホテルの食事券とか温泉旅行もあるよね。二人でホテルでおいしいもの食べたり、ゆっくり温泉を楽しむのも、いい記念になると思うけど。

女　それって、でも、記念写真くらいしか残らないでしょ。このあいだお宅に行ってみたら、だいぶ古くなって調子もおかしかったし。ね、いいでしょ。

男　うーん。特別な年だし、じゃ、それにしましょうか。

二人は、両親に何を贈ることにしましたか。
1　洗濯機
2　ワイン
3　ホテルの事券
4　温泉旅行

남　그렇다면 호텔 식사권이라든가 온천 여행도 있잖아. 두 분이 호텔에서 맛있는 것을 먹거나, 느긋하게 온천을 즐기는 것도 좋은 기념이 될 것 같은데.

여　그건, 하지만 기념사진 정도 밖에 안 남잖아. 요전에 집에 가봤더니 꽤 오래돼서 상태도 이상했고. 응~, 괜찮지?

남　응~. 특별한 해이고, 그럼 그걸로 할까.

두사람은 부모님에게 무엇을 선물하기로 했습니까?
1　세탁기
2　와인
3　호텔 식사권
4　온천 여행

정답 1　**문제유형** 포인트이해

어휘 贈る 선물하다, 보내다 | 記念日 기념일 | 洗濯機 세탁기 | 食事券 식사권 | 温泉旅行 온천여행 | 充分だ 충분하다 | 周年 주년 | 楽しむ 즐기다

해설 부모님 결혼기념일 선물로 여자는 30주년 기념이라서 먼저 세탁기를 제안하고, 남자는 호텔 식사권이나 온천 여행등을 제안한다. 하지만 여자는 그런 것은 기념사진 정도 밖에 남지 않고 부모님댁 세탁기도 낡았으니까 세탁기를 계속 주장하고 남자도 결국 동의한다. 그러므로 1번이 정답이다.

3　▶ 17:22

会社で、女の人と男の人が話しています。男の人は、どうして困っているのですか。

女　山下さん、何してるの?クズ入れの中まで見たりして。

男　名刺、探してるんだけど、どこにも無くて。

女　名刺なら、そこにいっぱいあるじゃない、机の上に。

男　ああ、これはさっき古い名刺を整理してたんで、それでここに積んであるだけだよ。

女　見つからないのは、誰か大事な人の名刺のようね。

男　うん。あ、まあ、自分の名刺。

女　自分の名刺が見つからないの?

男　裏に友達の電話番号書いてあって、どうしても今日中に連絡を取りたいことがあるんだよ。

女　その古い名刺の山に隠れてるんじゃないの?

회사에서 여자와 남자가 이야기하고 있습니다. 남자는 왜 곤란해 하고 있습니까?

여　야마시타 씨 뭐해? 휴지통 안까지 보고.

남　명함을 찾고 있는데, 아무 데도 없어서.

여　명함이라면 거기에 잔뜩 있잖아, 책상 위에.

남　아아, 이것은 좀 전에 낡은 명함을 정리하고 있었기 때문에 여기에 쌓아 놓았을 뿐이야.

여　못 찾고 있는 것은 누군가 중요한 사람의 명함인 것 같네.

남　응. 아 아니, 내 명함.

여　자기 명함을 못 찾아?

남　뒷면에 친구 전화번호가 쓰여 있어서 어떻게든 오늘 중에 연락하고 싶은 일이 있어.

여　그 낡은 명함 무더기에 숨어 있는 것 아니야?

男　ここはさっきも見たよ。もう…、どこ行ったのかなあ。

男の人は、どうして困っているのですか。
1　古い名刺の整理ができないので
2　自分の名刺が全部なくなってしまったので
3　友達に電話ができないので
4　友達の名刺が見つからないので

남　여기는 아까도 봤어. 정말 어디로 간 거야.

남자는 왜 곤란해하고 있습니까?
1　낡은 명함 정리를 할 수 없어서
2　자신의 명함이 전부 없어져 버려서
3　친구에게 전화를 할 수 없어서
4　친구 명함이 보이지 않아서

정답 3　**문제유형** 포인트이해

어휘 困る 곤란하다 | クズ入れ 휴지통 | 無くす 잃다, 없애다 | 名刺 명함 | 探す 찾다 | 整理 정리 | 積む 쌓다 | 見つかる 눈에 띄다, 발견되다 | 連絡をとる 연락하다 | 隠れる 숨다

해설 책상 위에는 낡은 명함이 많이 있고 남자는 무언가를 찾고 있다. 그것은 뒷면에 친구 전화번호가 적혀있는 자신의 명함이다. 어떻게든 오늘 중에 친구에게 전화해야 하기 때문에 곤란해 하고 있다. 따라서 정답은 3번이 된다.

4　▶▶ 19:06

電話で女の人と男の人が話しています。男の人は、どうして野球を見に行きたくないのですか。

女　もしもし、中原です。佐々木君、野球好きでしょ？
男　好きだけど。どうしたの、突然。
女　さくらドームのチケットがあるのよ。明日なんだけど、ねえ、行かない？ 席もネット裏のいい席よ。
男　すごいね。どうしたの、そんな高いチケット！
女　うちの会社の部長がもらったのよ、招待券10枚も。それで会社の人たちと行くんだけど、チケットが一枚余ってて。佐々木君も一緒に行こうよ。
男　うーん。会社の人って僕は知らない人たちでしょ。気を使っちゃうよ、それは。
女　大丈夫よ。みんな明るくていい人たちばかりだから。
男　うん、でもテレビでもやるから、明日は家でゆっくり見るよ。
女　そう？じゃあ、残念だけど。

男の人は、どうして野球を見に行きたくないのですか。
1　さくらドームの席がよくないから
2　チケットの値段が高いから
3　知らない人たちと一緒に行くのがいやだから
4　会社の人と一緒にテレビでゆっくり見たいから

전화로 여자와 남자가 이야기하고 있습니다. 남자는 왜 야구를 보러 가고 싶지 않은 것입니까?

여　여보세요, 나카하라입니다. 사사키 군 야구 좋아하지?
남　좋아하는데. 무슨 일이야, 갑자기 ?
여　사쿠라 돔의 티켓이 있어. 내일인데 안 갈래? 자리도 그물망 뒷쪽의 좋은 자리야.
남　굉장한데. 무슨 일이야, 그런 비싼 티켓 샀어?
여　우리 회사 부장님한테 받았어, 초대권 10장이나. 그래서 회사 사람들하고 가는데, 티켓이 한 장 남아서. 사사키도 같이 가자.
남　아니. 회사 사람들이라니 나는 모르는 사람들이지? 신경을 쓰게 돼, 그건.
여　괜찮아. 모두 밝고 좋은 사람들 뿐이니까.
남　음. 하지만 텔레비전에서도 하니까 내일은 집에서 느긋하게 볼래.
여　그래? 그럼, 아쉽지만.

남자는 왜 야구를 보러 가고 싶지 않은 것입니까?

1　사쿠라 돔 자리가 좋지 않아서
2　티켓 가격이 비싸서
3　모르는 사람들하고 함께 가는 것이 싫어서
4　집에서 텔레비전을 보면서 느긋하게 쉬고 싶어서

정답 3   **문제유형** 포인트이해

어휘 どうしたの 무슨 일이야 | 突然 돌연, 갑자기 | 席 자리 | 裏 뒤쪽, 뒤 | 招待券 초대권 | 余る 남다 | 気を使う 신경쓰다 | 明るい 밝다

해설 여자의 회사 부장님이 야구장 티켓을 구해와서 회사 사람들하고 가게 됐는데 한 장 남게 되어 남자에게 같이 가자고 권유한다. 하지만 남자는 '나는 모르는 사람들이지. 신경을 쓰게 돼, 그건.'이라고 말하며 회사 사람들하고 같이 가는데 부담을 느끼는 듯하다. 그래서 정답은 3번이다.

---

5 ▶ 20:58

学校で学生と先生が話しています。学生は、どうして明日レポートを出すことができませんか。

男 先生、すみません。レポートのことなんですが、来週まで待っていただけませんか。

女 レポートは、明日までびしょ。

男 はい、それが、パソコンが壊れてしまって。

女 じゃ、学校のを使って早く書いてください。メールで送るのも学校のパソコンでかまいませんよ。

男 先生、レポートはもう書いたんですが、パソコンのデータが全部なくなってしまったんです。今、直してもらってるんですが、今週いっぱいまで時間がかかるそうなんです。

女 そうですか。じゃ、来週の月曜日には、必ずメールで送ってくださいね。

男 はい、わかりました。

学生は、どうして明日レポートを出すことができませんか。

1 パソコンが壊れて、明日直してもらうので
2 学校のパソコンからはメールが送れないので
3 レポートを書くのに今週いっぱいまで時間がかかるので
4 パソコンのデータが全部消えてしまったので

학교에서 학생하고 선생님이 이야기하고 있습니다. 학생은 어째서 내일 리포트를 낼 수 없습니까?

남 선생님 죄송합니다. 리포트에 관한 것인데요, 다음 주까지 기다려 주실 수 없겠습니까?

여 리포트는 내일까지죠.

남 예, 그게 컴퓨터가 고장 나 버려서.

여 그럼, 학교 것을 사용해서 빨리 쓰세요. 메일로 보내는 것도 학교 컴퓨터로 상관없어요.

남 선생님, 리포트는 벌써 썼습니다만, 컴퓨터 데이터가 전부 없어져 버렸습니다. 지금 고치고 있습니다만, 이번 주 말까지 시간이 걸린다고 합니다.

여 그렇습니까. 그럼 다음 주 월요일에는 꼭 메일로 보내줘요.

남 예, 알았습니다.

학생은 어째서 내일 리포트를 낼 수 없습니까?

1 컴퓨터가 고장나서 내일 고치기 때문에
2 학교 컴퓨터로는 메일을 보낼 수 없기 때문에
3 리포트를 쓰는데 이번 주까지 시간이 걸리기 때문에
4 컴퓨터 데이터가 전부 지워져 버렸기 때문에

정답 4   **문제유형** 포인트이해

어휘 ~のこと ~에 관해, ~에 대해 | ~ていただけませんか ~해 주실 수 없겠습니까? | 壊れる 고장나다, 망가지다 | 直す 고치다 | 送る 보내다 | 消える 지워지다, 꺼지다

해설 남학생은 컴퓨터가 고장 나서 내일까지는 리포트 제출이 어렵다고 한다. 선생님은 학교 컴퓨터를 사용해서라도 쓰라고 하지만 남학생은 쓰기는 했는데 컴퓨터 데이터가 지워져 복구에 이번 주까지는 시간이 걸릴 것 같다고 말한다. 따라서 정답은 4번 '컴퓨터 데이터가 전부 지워져 버렸기 때문에'가 된다. 3번 리포트를 쓰는데 주말까지 시간이 걸리는 것이 아니라, 컴퓨터 자료 복구에 주말까지 시간이 걸리는데 주의해야 한다.

ラジオで女の人が話しています。女の人は、旅行で一番よかったことは何だと言っていますか。

女 夏休みに北海道に行って来ました。友達と二人で一週間あちこち回って来たんですが、ホントに楽しい旅行でした。北海道っておいしいものがたくさんあるんですね。また、行ってみたいです。でも、もっとよかったのは、あちこちで色々な人と出会って友達になったこと。外国人の大学生とも知り合って、一緒にお酒を飲んだりしました。もちろん、北海道の景色もすばらしかったですよ。写真もいっぱい撮りました。でも、撮った写真は、結局、人の写真のほうが多かったんですけどね。

女の人は、旅行で一番よかったことは何だと言っていますか。
1 おいしいものをたくさん食べたこと
2 たくさんの人と友達になったこと
3 外国人の友達ができたこと
4 すばらしい景色の写真をたくさん撮ることができたこと

라디오에서 여자가 이야기하고 있습니다. 여자는 여행에서 가장 좋았던 것은 무엇이라고 말하고 있습니까?

여 여름휴가 때 홋카이도에 다녀왔습니다. 친구와 둘이서 일주일간 여기저기 돌고 왔는데 정말 즐거운 여행이었습니다. 홋카이도는 맛있는 것이 많더군요. 또, 가보고 싶습니다. 하지만 더 좋았던 것은 여기저기서 여러 사람들과 만나서 친구가 된 것. 외국인 대학생과도 알게 되어 함께 술을 마시기도 했습니다. 물론, 홋카이도의 경치도 멋졌어요. 사진도 잔뜩 찍었어요. 하지만 찍은 사진은 결국 사람 사진이 많지만요.

여자는 여행에서 가장 좋았던 것은 무엇이라고 말하고 있습니까?
1 맛있는 것을 많이 먹은 것
2 많은 사람과 친구가 된 것
3 외국인 친구가 생긴 것
4 멋진 경치 사진을 많이 찍을 수 있었던 것

정답 2 **문제유형** 포인트이해

어휘 あちこち 여기 저기 | 出会う 우연히 만나다 | 知り合う 서로 알다 | 景色 경치 | 撮る (사진을) 찍다.

해설 여자가 홋카이도 여행에서 가장 좋았다고 말하는 것을 찾는 문제이다. 여자가 가장 강조한 부분을 찾아야 한다. 우선 좋았다고 말한 것은 '맛있는 음식' 그리고 이어서 '하지만 더 좋았던 것은 여기저기서 여러 사람들과 만나서 친구가 된 것'이라고 여러 사람과 친구가 된 것을 강조한다. 외국인 대학생과 술 마신 것은 많은 사람과 친구가 된 것의 한 가지 예이다. 따라서 정답은 2번이다.

문제 3 문제3에서는 문제지에 아무것도 인쇄되어 있지 않습니다. 이 문제는 전체적으로 어떤 내용인가를 묻는 문제입니다. 이야기 전에 질문은 없습니다. 먼저 이야기를 들으세요. 그리고 질문과 선택지를 듣고 1~4중에서 가장 적당한 것을 하나 고르세요.

1 ▶ 27:03

ラジオの電話相談で、男の人と女の学生が話しています。

男 はい、どんな相談でしょうか。
女 あの、どうしたら早くプロの漫画家になれるか知りたいんですが。

라디오 전화 상담으로 남자와 여학생이 이야기하고 있습니다.

남 자, 어떤 상담이신가요?
여 저기, 어떻게 하면 빨리 프로 만화가가 될 수 있을지 알고 싶은데요.

男 プロの漫画家ですか。

女 はい、小学校の時からみんなに漫画描くのうまいって言われて、漫画雑誌にも自分の漫画送ったりしているんですが…。

男 ちょっと待って。今、何年生？

女 はい、中学3年なんですが、高校行くのやめてもっと漫画の勉強がしたいんです。家では勉強しないで漫画ばかり描いてるから、お母さんには毎日叱られるし…。

男 うーん。高校にも行きたくないんだあ。

女の学生が一番言いたいことは何ですか。

1 勉強が嫌いなので高校に行きたくない
2 家でずっと漫画を描いていたい
3 早く漫画家になりたい
4 母親に毎日怒られたくない

남 프로 만화가요?

여 네, 초등학교 때부터 모두가 만화 잘 그린다고 해서 만화잡지에도 제가 그린 만화를 보내거나 하고 있는데요….

남 잠깐만요. 지금 몇 학년이에요?

여 네, 중학교 3학년인데요, 고등학교 진학하는 거 그만두고 만화 공부를 더 하고 싶은데요, 집에서는 공부 안 하고 만화만 그리고 있으니까 어머니한테 매일 혼나고….

남 음. 고등학교에도 가고 싶지 않은 거군요.

여학생이 가장 말하고 싶은 것은 무엇입니까?

1 공부가 싫어서 고등학교에 가고 싶지 않다
2 집에서 계속 만화를 그리며 지내고 싶다
3 빨리 만화가가 되고 싶다
4 엄마에게 매일 야단맞고 싶지 않다

정답 3　**문제유형** 개요이해

어휘 相談 상담 | 漫画家 만화가 | 雑誌 잡지 | 描く 그리다 | 叱る 혼내다, 야단치다

해설 무슨 목적으로 여학생이 전화 상담을 하게 됐는지 알아내야 하는 문제이다. 전화 상담에서 여학생은 먼저 '빨리 프로 만화가가 되는 방법'을 알고 싶어한다. 이것이 여학생이 상담을 하는 첫 번째 목적이다. 고등학교에 가고 싶지 않은 것은 맞지만 1번처럼 '공부가 싫어서'하는 말은 나오지 않는다. 따라서 정답은 3번이다.

---

2 ▶▶ 28:49

テレビで男の人が話しています。

男 最近、病院にお年寄りが増えて問題になっていますが、80才、90才になっても元気で暮している方も大勢いらっしゃいます。この方たちにお話をうかがいますと、ほとんどの方が毎日散歩などをしたりして、よく歩いているとおっしゃいます。中には、歩くのは近所に買い物に行く時だけ、という方もいらっしゃいましたが、最近の調査では、一日中家の中にいてテレビを見ている人より、少しでも歩いている人のほうが病気にならないということも分かってきています。

男の人は何について話していますか。

1 お年寄りが散歩をする理由
2 お年寄りが少ししか歩かない理由
3 お年寄りがテレビを見ることの大切さ
4 お年寄りが歩くことの大切さ

텔레비전에서 남자가 이야기하고 있습니다.

남 최근 병원에 노인들이 늘어서 문제가 되고 있습니다만, 80세, 90세가 되어도 건강하게 지내시는 분도 많이 계십니다. 이 분들에게 물어보면, 많은 분들이 매일 산책을 하거나 하며 자주 걷는다고 말씀하셨습니다. 그 중에는 걷는 것은 근처에 물건 사러 갈 때뿐이라는 분도 계셨습니다만, 최근 조사에서는 온종일 집에서 텔레비전을 보는 사람보다 조금이라도 걷고 있는 사람 쪽이 병에 걸리지 않는다는 것도 알게 되었습니다.

남자는 무엇에 대해 말하고 있습니까?

1 노인이 산책을 하는 이유
2 노인이 조금밖에 걷지 않는 이유
3 노인이 텔레비전을 보는 것의 중요함
4 노인이 걷는 것의 중요함

정답 4 **문제유형** 개요이해

어휘 年寄り 노인 | 増える 늘다 | 暮らす 지내다, 생활하다 | 大勢 많이 | 近所 근처 | 調査 조사 | 一日中 하루 종일 | 共通 공통

해설 아픈 노인이 늘어나서 문제가 되고 있는데 80, 90세가 되어도 건강한 분들은 매일 산책과 걷기를 하는 분들이라고 말한다. 그리고 마지막에 조금이라도 걷는 분들이 병도 나지 않는다고 다시 걷는 것의 중요함을 강조하고 있다. 따라서 정답은 4번이다.

---

3 ▶ 30:22

花屋の前で男の人と女の人が話しています。

男 こんにちは。

女 あら、加藤さん。加藤さんも花を買いにいらっしゃったんですか。

男 あ、いや。近くの銀行に用があって来たんですが、ここの花がとてもきれいだったので、見てただけなんです。よくいらっしゃるんですか、この店には？

女 そうですね。だいたい毎週来てますね。花は季節を感じさせてくれますでしょ。この店は値段はちょっと高くても、季節の花がたくさん揃ってますから、私それが気に入ってて。でも、早く来ないと売り切れちゃうことも多いんですよ。

男 あっ、じゃ早くご覧になってください。私はこれで。

女 はい。じゃ、また。

꽃집 앞에서 남자와 여자가 이야기하고 있습니다.

남 안녕하세요.

여 어머, 가토 씨. 가토 씨도 꽃을 사러 오셨습니까?

남 아, 아니요. 근처 은행에 볼일이 있어 왔다가, 여기 꽃이 너무 예뻐서, 보고 있었을 뿐입니다. 자주 오십니까, 이 가게에는?

여 그렇죠. 대체로 매주 오고 있어요. 꽃은 계절을 느끼게 해주잖아요. 이 가게는 가격이 좀 비싸도, 계절 꽃이 많이 갖춰져 있으니까, 저는 그게 마음에 들어서. 하지만, 빨리 오지 않으면 다 팔려 버리는 일도 많아요.

남 아, 그럼, 어서 보세요. 저는 이만.

여 네. 그럼, 또 봐요.

女の人はこの花屋についてどう思っていますか。

1 きれいな花が多いのでいい
2 季節の花が多いのでいい
3 値段が高いのでいやだ
4 花の種類が少ないのでいやだ

여자는 이 꽃가게에 대해 어떻게 생각하고 있습니까?

1 예쁜 꽃이 많아서 좋다
2 계절 꽃이 많아서 좋다
3 가격이 비싸서 싫다
4 꽃 종류가 적어서 싫다

정답 2 **문제유형** 개요이해

어휘 用 볼일 | 季節 계절 | 値段 가격 | 揃う 갖추어지다. 모이다 | 気に入る 마음에 들다 | 売り切れる 다 팔리다 | ご覧になる 보시다

해설 여자가 이 가게를 어떻게 생각하느냐가 질문이다. 두 번째 여자 말에 '꽃은 계절을 느끼게 해준다'라고 하며 이어서 '이 가게는 좀 비싸도 계절 꽃이 많이 갖춰져 있으니까, 그것이 마음에 든다'라고 가게에 대해 좋게 평가하고 있어 3번과 4번은 정답이 될 수 없다. 단지 예쁜 꽃보다는 계절 꽃을 갖추고 있어 좋다고 했으므로 2번이 정답이다.

문제 4　문제4에서는 그림을 보면서 질문을 들으세요. 화살표(→)의 사람은 뭐라고 말합니까? 1~3 중에서 가장 적당한 것을 하나 고르세요.

1 ▶▶ 33:20

女 飛行機（ひこうき）の中（なか）です。薬（くすり）を飲（の）むので水（みず）がほしいです。何（なん）と言（い）いますか。
男 1 お水（みず）をお持（も）ちしましょうか。
　　2 お水（みず）をさしあげましょうか。
　　3 お水（みず）をいただけますか。

여 비행기 안입니다. 약을 먹어야 해서 물이 필요합니다. 뭐라고 말합니까?
남 1 물을 가져다 드릴까요?
　　2 물을 드릴까요?
　　3 물을 주시겠습니까?

정답 **3**　문제유형 발화표현

어휘 お持（も）ちする「持（も）つ」의 겸양어 ｜ さしあげる 드리다 ｜ いただく 받다, 먹다, 마시다 의 겸양어

해설 1번「お水（みず）をお持（も）ちしましょうか」와 2번「お水（みず）をさしあげましょうか」는 물이 필요한 사람이 하는 말이 아니고 물을 제공할 사람이 사용하는 말이다.「もらう(받다)」의 겸양어「いただく」를 사용해서「いただけますか(받을 수 있습니까, 주시겠습니까?)」가 정답이다.

2 ▶ 33:53

男 公園（こうえん）の中（なか）は禁煙（きんえん）ですが、友達（ともだち）がたばこを吸（す）いはじめました。何（なん）と言（い）いますか。
女 1 ここで吸（す）うといいよ。
　　2 ここで吸（す）っちゃだめだよ。
　　3 ここで吸（す）わなきゃだめだよ。

남 공원 안은 금연 입니다만 친구가 담배를 피우기 시작했습니다. 뭐라고 말합니까?
여 1 여기서 피우면 돼.
　　2 여기서 피우면 안돼.
　　3 여기서 피우지 않으면 안돼.

정답 **2**　문제유형 발화표현

어휘 吸（す）いはじめる 피우기 시작하다 ｜ 吸（す）っちゃ 피워서는(「吸（す）っては」의 줄임말) ｜ ～だめだ ～해서는 안 된다 ｜ 吸（す）わなきゃ 피우면 안된다 (「吸（す）わなければ」의 줄임말)

해설 금연구역에서 담배를 피우는 사람에게는「ここで吸（す）っちゃだめだよ(여기서 피우면 안돼)」라고 금지표현을 써야 한다.

3 ⏩ 34:25

男 レストランでコーヒーのおかわりを勧められまし
　 たが、もう飲みたくありません。何と言いますか。
女 1 もう結構です。
　 2 まだ分かりません。
　 3 さっき飲みました。

남 레스토랑에서 커피의 리필을 권유 받았습니다만 이제 마시
　 고 싶지 않습니다. 뭐라고 말합니까?
여 1 이제 됐습니다.
　 2 아직 모르겠습니다.
　 3 좀 전에 마셨습니다.

정답 1 **문제유형** 발화표현

어휘 おかわり 같은 음식을 다시 더 먹음 | 勧める 권유하다 | けっこうだ 괜찮다, 이제 됐다(사양)

해설 문제의 상황에서는 「もうけっこうです(이제 됐습니다)」라는 정중한 사양의 표현이 필요하다. 따라서 정답은 1
번이다.

---

4 ⏩ 34:55

男 デパートでいい服を見つけたので着てみたくなり
　 ました。店員に何と言いますか。
女 1 すみません。これください。
　 2 すみませんが、これ着てみてください。
　 3 すみません。ちょっとこれ着てみてもいいですか。

남 백화점에서 좋은 옷을 발견해서 입어보고 싶어졌습니다.
　 점원에게 뭐라고 말합니까?
여 1 죄송합니다. 이것 주세요.
　 2 죄송합니다만 이것 입어보세요.
　 3 죄송합니다. 잠깐 이것 입어봐도 될까요?

정답 3 **문제유형** 발화표현

어휘 見つける 발견하다, 찾아내다 | 〜てもいいですか 〜해도 됩니까?

해설 백화점에서 사고 싶은 옷을 입어 보고 싶을 때 「着てみてもいいですか」와 같은 허락을 구하는 표현이 와야 한다.
정답은 3번이다.

문제 5 문제5에서는 문제지에 아무것도 인쇄되어 있지 않습니다. 먼저 문장을 들으세요. 그리고 나서 그 대답을 듣고 1~3중에서
가장 적당한 것을 하나 고르세요.

1 ▶ 36:48

男 きのうこの店に鞄を忘れたんで、取りに来たんで
すけど。
女 1 じゃ、すぐに来てください。
　　2 あっ、これですか。
　　3 よくいらっしゃいました。

남 어제 이 가게에 가방을 두고 가서 찾으러 왔습니다만.

여 1 그럼 바로 와주세요.
　　2 앗, 이것 말입니까?
　　3 잘 오셨습니다.

정답 2 **문제유형** 즉시응답
어휘 鞄 가방 | よくいらっしゃいました 잘 오셨습니다
해설 잊은 물건을 찾으러 왔으니까 '이것 말입니까?'라고 물건을 내놓는 것이 자연스럽다. 3번의 '잘 오셨습니다'는 찾아
온 손님에게 쓰는 말이다. 따라서 정답은 2번이다.

2 ▶ 37:15

男 お酒は足りなくありませんか。もう少しいかがで
すか。
女 1 いやあ、おかげさまで。
　　2 いいえ、こちらこそ。
　　3 もうこれで充分です。

남 술은 부족하지 않습니까? 좀 더 어떻습니까?

여 1 우와~, 덕분에.
　　2 아니에요, 저야 말로.
　　3 이제 이걸로 충분합니다.

정답 3 **문제유형** 즉시응답
어휘 足りない 부족하다 | いかがですか 어떻습니까? | 充分だ 충분하다
해설 남자가 좀 더 술 마시길 권하고 있는데 이에 대한 대답은 '이제 이걸로 충분합니다'라고 정중하게 사양하는 표현이
가장 자연스럽다. 정답은 3번이다.

3 ▶ 37:43

男 田中さん、今日の会議はなくなったんだよね。
女 1 そのはずですが。
　　2 はい、わかりました。
　　3 はい、もう少しで終るところです。

남 다나카 씨, 오늘 회의는 없어졌지요?.
여 1 분명 그럴 겁니다만.
　　2 네, 알겠습니다.
　　3 네, 이제 금방 끝나려는 참입니다.

정답 1 **문제유형** 즉시응답
어휘 はず ~터임, ~것임(추측, 확신) | 会議 회의 | 無くなる 없어지다 | もうすこしで 이제 조금이면
해설 남자가 여자에게 회의가 없어진 사실에 대해 확인하고 있다. 이에 대한 대답으로서 '그럴 겁니다'와 같이 확인해 주
는 말이 자연스럽다. 따라서 정답은 1번이다.

4 ▶ 38:09

女 ずいぶん疲れてるみたいだけど、大丈夫？今日も
アルバイト行くの？

男 1 じゃ、気をつけてね。
　　2 今日は休んだら？
　　3 今週までだから、頑張るよ。

여 상당히 피곤한 것 같은데 괜찮아? 오늘도 아르바이트 갈거
야?

남 1 그럼, 조심해.
　　2 오늘은 쉬는 게 어때?
　　3 이번 주까지니까 열심히 할거야.

정답 3 　**문제유형** 즉시응답

어휘 ずいぶん 상당히 | 疲れる 피곤하다, 지치다 | 〜みたいだ 〜인 것 같다 | 気をつける 조심하다

해설 여자가 '피곤해 보이는데 아르바이트 가겠냐'하고 남자에게 묻는다. 이런 질문에 남자가 자신의 일에 대해 1번처럼
'그럼, 조심해'라든지 2번처럼 '오늘은 쉬는 게 어때?'하고 대답할 수는 없다. 따라서 정답은 3번이다.

5 ▶ 38:37

男 鈴木さん、出張で使うホテルだけど、もう少し安
い所ないか調べといてもらえる？

女 1 はい、すぐもらえると思います。
　　2 はい、探してみます。
　　3 たしかにちょっと安いですね。

남 스즈키 씨 출장 때 사용할 호텔 말인데 좀 더 싼 곳 없는지
조사해 줄 수 있어?

여 1 네, 금방 받을 수 있을 겁니다.
　　2 네, 찾아 보겠습니다.
　　3 확실히 좀 싸네요.

정답 2 　**문제유형** 즉시응답

어휘 出張 출장 | 調べとく 조사해 두다(「調べておく」의 줄임말) | 〜てもらえる? 〜해 받을 수 있어? (즉, 〜해
줄 수 있어?) | 探す 찾다 | たしかに 분명히, 확실히

해설 남자가 좀 더 싼 호텔을 조사해 달라고 여자에게 부탁한다. 이것에 대해 여자가 1번처럼 '금방 받을 수 있을 겁니
다'나 3번처럼 '확실히 좀 싸네요'하는 대답은 어색하다. 즉각적인 실행을 나타내는 2번 '찾아 보겠습니다'가 정답이다.

6 ▶ 39:06

男 先生、この申し込み書は明日までに出さなくては
いけないんですか。

女 1 ええ、出してもいいですよ。
　　2 必ず明日までに出してください。
　　3 来週出してはいけませんか。

남 선생님, 이 신청서는 내일까지 내지 않으면 안 됩니까?

여 1 네, 내도 괜찮아요.
　　2 반드시 내일까지 제출해 주세요.
　　3 다음 주 내면 안 됩니까.

정답 2 　**문제유형** 즉시응답

어휘 申し込み書 신청서 | いけない 안 된다 | 必ず 반드시

해설 남학생이 말한 '내일까지 내지 않으면 안 됩니까?'는 결국 사정상 그러기 힘들다는 뜻이 된다. 이에 대한 선생님의
대답은 단호하게 '반드시 내일까지 제출해 주세요'하고 말하는 것이 자연스럽다. 따라서 정답은 2번이다. 1번의 '네, 내도 괜
찮아요'라는 대답은 질문이 「出してもいいですか」, 즉 '내일 내도 됩니까?'하고 물었을 경우의 대답이다.

7 ▶▶ 39:35

男 あれ？僕が飲んでた缶コーヒーは捨てちゃったの？
女 1 えっ、まだ飲んでたの？
　　2 どうもおじゃましました。
　　3 どうも失礼しました。

남 어? 내가 마시던 캔 커피는? 버려 버렸어?
여 1 앗, 아직 마시고 있었어?
　　2 정말 실례했습니다.
　　3 정말 실례했습니다.

정답 1　**문제유형** 즉시응답

어휘 捨てちゃった 버려 버렸다(「捨ててしまった」의 줄임말) | 飲んでた 먹고 있었다(「飲んでいた」의 줄임말) | おじゃま 방해, 실례

해설 남자가 '마시던 캔 커피 버려버렸어?'라고 여자에게 묻자 여자는 '아직 마시고 있었어?' 즉 다 마신 것이 아니었냐고 되묻는 장면이다. 따라서 정답은 1번이다. 「おじゃましました」와 「失礼しました」는 방문한 곳에서 헤어지며 하는 인사이다.

8 ▶▶ 40:03

男 ねえ、どう思う？来週の研究会には山下先生をお呼びしたいんだけど来てもらえるかな。
女 1 ええ、お呼びしましょう。
　　2 じゃ、来てもらいましょう。
　　3 一度きいてみたら？

남 이봐, 어떻게 생각해? 다음 주 연구회에는 야마시타 선생님을 부르고 싶은데 와주실 수 있을까?
여 1 예, 부릅시다.
　　2 그럼, 오게 합시다.
　　3 한번 물어 보면 어때?

정답 3　**문제유형** 즉시응답

어휘 研究会 연구회 | お呼びする 부르다(「呼ぶ」의 겸양표현) | ～てもらえるか ～해 받을 수 있을까?(～해 줄 수 있을까?) | ～てもらいましょう ～해 받읍시다(～하게 합시다)

해설 야마시타 선생님을 부르고 싶은데 '와 주실 수 있을까?'하고 선생님이 올 수 있을지 확신이 없는 상태이다. 이에 대해 1번처럼 '네, 부릅시다' 또는 2번처럼 '그럼, 오게 합시다'라고 말하는 것은 부자연스럽다. 선생님의 의견을 물어 보라는 3번이 정답이다.

9 ▶▶ 40:34

女 今日はお時間をいただきまして、ありがとうございました。
男 1 またいつでもお越しください。
　　2 どうもお世話になりました。
　　3 どうもごちそうさまでした。

여 오늘은 시간을 내주셔서, 감사했습니다.
남 1 또 언제든지 오십시오.
　　2 정말 신세졌습니다.
　　3 정말 잘 먹었습니다.

정답 1　**문제유형** 즉시응답

어휘 越す 넘다,오시다(존경어) | お世話になる 신세 지다 | ごちそうさまでした 잘 먹었습니다

해설 방문하고 돌아갈 때 인사말을 나누는 상황이다. 시간을 내주신 것에 대한 감사를 표시하고 있다. 그에 대한 대답으로 '신세 졌습니다'나 '잘 먹었습니다'는 될 수 없다. 정답은 11번 '또 언제든지 오십시오'가 된다.

JLPT N3

실전모의테스트 1회

청해

問題1 ◎107

問題1では、まず質問を聞いてください。それから話を聞いて、問題用紙の1から4の中から、最もよいものを一つ選んでください。

例

1 　車の雑誌と本

2 　山の雑誌と本と英語の辞書

3 　山の雑誌と英語の辞書

4 　車の雑誌と山の雑誌

1番

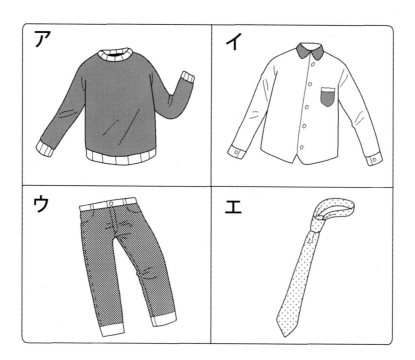

1　イ・エ

2　ア・ウ

3　ウ

4　イ・ウ・エ

2番

1 携帯電話を修理に出す

2 新しい携帯電話を買う

3 店の人の説明を聞く

4 息子と相談する

3番

1 先輩に資料を見せる

2 先輩にメールで資料を送る

3 家に帰ってパソコンを修理する

4 資料を取りに家に帰る

4番

1 食事会をする店を予約する

2 出席する人数を確認する

3 田中部長に連絡する

4 みんなにメールを送る

5番

1 金曜日に受ける

2 土曜日に受ける

3 月曜日に受ける

4 火曜日に受ける

6番

1 はきやすい靴を選ぶ

2 見物する所の地図を見る

3 見物する所の説明を聞く

4 おにぎりやお菓子を準備する

問題2

問題2では、まず質問を聞いてください。そのあと、問題用紙のせんたくしを読んでください。読む時間があります。それから話を聞いて、問題用紙の1から4の中から、最もよいものを一つ選んでください。

例

1 デートをするから

2 映画を見に行くから

3 食事をしに行くから

4 コンサートへ行くから

1番

1　恋人が作ってくれたから

2　料理を作るのが好きだから

3　太ってきたから

4　外で食べるのに飽きたから

2番

1　2時20分

2　2時30分

3　2時50分

4　3時 ちょうど

3番

1　やってみた経験がないので

2　朝早く起きなければならないので

3　交通費が出ないので

4　家から遠すぎるので

4番

1　おいしい魚をたくさん食べたこと

2　おいしい酒をたくさん飲んだこと

3　おもしろい猫に会ったこと

4　猫が好きになったこと

5番

1　父が東京に勤務になったので

2　早く東京で住みたかったので

3　両親が東京に行けと言ったので

4　雰囲気がよく似ているので

6番

1　印象がよくなるようにするため

2　ダイエットをするため

3　よく眠れるようにするため

4　体を丈夫にするため

問題3

問題3では、問題用紙に何も印刷されていません。この問題は、全体として
どんな内容かを聞く問題です。話の前に質問はありません。まず話を聞いて
ください。それから、質問とせんたくしを聞いて、1から4の中、最もよい
ものを一つ選んでください。

― メモ ―

問題4

問題4では、えを見ながら質問を聞いてください。やじるし（→）の人は何と言いますか。1から3の中から、最もよいものを一つえらんでください。

例

1番

2番

3番

4番

問題5

問題5では、問題用紙に何もいんさつされていません。まず文を聞いてください。それから、そのへんじを聞いて、1から3の中から、最もよいものを一つえらんでください。

― メモ ―

N3

실전모의테스트
2회

청해

問題 1 ◎108

問題１では、まず質問を聞いてください。それから話を聞いて、問題用紙の１から
４の中から、最もよいものを一つ選んでください。

例

1 車の雑誌と本

2 山の雑誌と本と英語の辞書

3 山の雑誌と英語の辞書

4 車の雑誌と山の雑誌

1番

2番

1 レポートを書く

2 食事をする

3 映画を見る

4 寝る

3番

1 明日の午前中までに

2 明日の午後までに

3 あさっての午前中までに

4 あさっての午後までに

4番

1 セミナーの資料

2 パソコン

3 パンフレット

4 ペットボトルの水

5番

1　サンプルを会社の玄関に持って行く

2　藤田さんにサンプルを返してもらう

3　サンプルを藤田さんから借りる

4　サンプルとカタログをショッピングバックに入れる

6番

1　ホテルのフロントに本を預ける

2　手袋とスーツケースを郵便で送る

3　ホテルに行ってお礼の荷物を持って帰る

4　ホテルに行って本とお礼の品物を受け取る

問題 2

問題 2 では、まず質問を聞いてください。そのあと、問題用紙のせんたくしを読んでください。読む時間があります。それから話を聞いて、問題用紙の 1 から 4 の中から、最もよいものを一つ選んでください。

例

1　デートをするから

2　映画を見に行くから

3　食事をしに行くから

4　コンサートへ行くから

1番

1 最近遅刻が多かったから

2 授業中におしゃべりをしていたから

3 授業中に居眠りをしていたから

4 授業中に携帯電話でゲームをしていたから

2番

1 友達と約束した時間に合わせるため

2 明日の会議の準備をするため

3 書類を作るため

4 資料のコピーを取るため

3番

1 気分を変えたかったから

2 今年の夏はとても暑いから

3 友達のカットのモデルになったから

4 イメージを変えたかったから

4番

1 参加者の中に、肉が食べられない人がいるから

2 肉以外のメニューもたくさんあるから

3 参加者の人数が多いから

4 参加費を安くすることができるから

5番

1 真面目でよく働く外国人社員

2 日本語が上手な外国人社員

3 日本語があまり上手ではない外国人社員

4 外国人でも日本人でも、人といい関係を作れる社員

6番

1 火曜日の10時

2 火曜日の10時半

3 水曜日10時

4 水曜日10時半

問題3

問題3では、問題用紙に何も印刷されていません。この問題は、全体としてどんな内容かを聞く問題です。話の前に質問はありません。まず話を聞いてください。それから、質問とせんたくしを聞いて、1から4の中、最もよいものを一つ選んでください。

— メモ —

問題4

問題4では、えを見ながら質問を聞いてください。やじるし（→）の人は何と言いますか。1から3の中から、最もよいものを一つえらんでください。

例

1番

2番

3番

4番

問題5

問題5では、問題用紙に何もいんさつされていません。まず文を聞いてください。それから、そのへんじを聞いて、1から3の中から、最もよいものを一つえらんでください。

― メモ ―

실전모의테스트 1회

청해 　◎ 107

문제1

문제1에서는 먼저 질문을 들으세요. 그리고 이야기를 듣고 문제지의 1~4 중에서 가장 적당한 것을 하나 고르세요.

1番 ▶ 02:21

クリーニング店で男の人と店員が話しています。男の人は土曜日に何を取りに行きますか。

男：すみません。これ、お願いしたいんですが。

女：はい。えーと、セーターとワイシャツとズボンそれからネクタイですね。ワイシャツとネクタイはあさって金曜日にできますが、セーターとズボンは土曜日の午後取りに来てください。全部で1,700円になります。

男：じゃ、これで。全部一緒に取りに来ますので。

女：ええ、いいですよ。

男：ああ、そうだ。このセーター、コーヒーこぼしちゃって。ほら、ここなんですが。ズボンにもちょっと付いてるでしょ。

女：あー、ズボンのほうは土曜日でいいですが、これはちょっと時間かかりそうですね。

男：いつ頃になりますか。

女：ちょっとやってみないと分かりませんが、日曜日は休みなので、来週になりますね。料金も追加でいただくことになるかもしれませんが。

男：それは大丈夫です。じゃ、土曜日に来ますので、よろしく。

女：はい、わかりました。

男の人は土曜日に何を取りに行きますか。

1　イエ　　　　　　　　2　アウ
3　ウ　　　　　　　　　4　イウエ

1번

세탁소에서 남자와 점원이 이야기하고 있습니다. 남자는 토요일에 무엇을 가지러 갑니까?

남 : 실례합니다. 이거 맡기고 싶은데요.

여 : 네. 음, 스웨터와 와이셔츠, 바지 그리고 넥타이네요. 와이셔츠와 넥타이는 모레 금요일에 가능하지만 스웨터와 바지는 토요일 오후에 가지러 와 주세요. 전부해서 1,700엔입니다.

남 : 그럼, 이걸로. 전부 같이 찾으러 올게요.

여 : 네, 좋습니다.

남 : 아~, 맞다. 이 스웨터, 커피를 엎질러서. 여기, 여기인데요. 바지에도 조금 묻어 있죠?

여 : 아~, 바지는 토요일에 됩니다만 이건 조금 시간이 걸릴 것 같네요.

남 : 언제쯤 됩니까?

여 : 좀 해 봐야 알겠지만 일요일은 휴일이기 때문에 다음 주가 되겠네요. 요금도 추가로 받게 될지도 모르겠습니다만.

남 : 그건 괜찮습니다. 그럼, 토요일에 올 테니깐 부탁합니다.

여 : 네, 알겠습니다.

남자는 토요일에 무엇을 가지러 갑니까?

정답 4 **문제유형** 과제이해

어휘 取りに来る 가지러 오다 | 付く 붙다, 묻다 | 来週 다음 주 | 料金 요금 | 追加 추가

해설 남자는 토요일에 스웨터, 와이셔츠, 바지, 넥타이를 찾으러 오려고 했다. 그러나 뒤늦게 스웨터와 바지에 커피 얼룩이 묻은 것을 말하자 바지는 토요일에 되지만 스웨터는 시간이 걸려 다음 주가 된다고 점원이 말하므로 정답은 4이다.

2番 ▶ 04:11

携帯電話の店で、女の人と店員が話しています。女の人は、この後まずどうしますか。

女：この携帯、最近調子が悪くて。修理してもらいに来たんですが。

男：あー、修理はサービスセンターに行っていただきませんと、こちらではできないんですが。

女：え、そうなんですか。これ、買って5年くらいになるので、無料でやってくれるかな。

男：5年ですと有料になるかもしれませんね。

女：修理してもお金かかりそうだし、新しいの買ってもいいんだけど。

男：今とてもお安くなっているのがありますから、どうぞどうぞ。説明いたしますので、こちらへ。

女：説明聞いて、買わなくてもいいんでしょ。

男：ええ、もちろんですよ。

女：あとで息子と相談して決めますので。

男：ええ、どうぞどうぞ。

女の人は、この後まずどうしますか。
1 携帯電話を修理に出す
2 新しい携帯電話を買う
3 店の人の説明を聞く
4 息子と相談する

2번

휴대전화 가게에서 여자와 점원이 이야기하고 있습니다. 여자는 이후에 우선 어떻게 합니까?

여 : 이 휴대전화 최근 상태가 나빠서. 수리 받으러 왔는데요.

남 : 아~, 수리는 서비스 센터에 가서 받지 않으면, 여기에서는 할 수 없습니다만.

여 : 네, 그렇습니까? 이거 사고 5년 정도 되었는데, 무료로 해 줄까요?

남 : 5년 정도이면, 유료가 될지도 모르겠네요.

여 : 수리해도 돈이 들 것 같고, 새 것을 사도 괜찮은데.

남 : 지금 매우 싼 것이 있으니깐, 설명드릴 테니까 이쪽으로.

여 : 설명 듣고, 사지 않아도 괜찮죠?

남 : 네, 물론입니다.

여 : 나중에 아들과 상의하고 결정할 거니까.

남 : 네, 그렇게 하세요.

여자는 이후에 우선 어떻게 합니까?
1 휴대전화를 수리하려고 꺼낸다.
2 새로운 휴대전화를 산다.
3 점원의 설명을 듣는다.
4 아들과 상의한다.

정답 3 **문제유형** 과제이해

어휘 携帯電話 휴대전화 | 店員 점원 | 最近 최근 | 調子 상태 | 修理 수리 | 無料 무료 | 有料 유료 | 新しい 새롭다 | 説明 설명 | 息子 아들 | 相談 상담 | 決める 결정하다, 정하다

해설 여자는 휴대전화를 산지 5년 정도가 되어 수리비가 유료가 될 수 있다는 점원의 이야기를 듣고 새 것으로 교체할지 생각한다. 마침 휴대전화가 싼 것이 있다는 점원의 권유에 아들과 상의하고 결정하겠다는 이야기를 했으므로 정답은 3번이다.

3番 ▶ 05:43

だいがく としょかん おとこ こうはい おんな せんぱい はな
大学の図書館で男の後輩と女の先輩が話しています。
おとこ こうはい なに
男の後輩は、このあと何をしますか。

男：あのう、ちょっといいですか。

女：うん、何？

男：今、レポートを書いてるんですが、英語の資料
　　があって、何度読んでも分からないところがあ
　　るんですよ。先輩なら分かると思うんですが。

女：うん、いいよ。どれ？その英語の資料って。

男：家に置いてきたので、ちょっと待っててもらえ
　　ますか。

女：私これから友達と約束があるから、メールで送っ
　　てよ。今日の夜にでも見ておくから。

男：あー、パソコンいま修理中なんです。困ったな。
　　30分あれば行って来ることはできるんですが。

女：うーん。でも来てからどこが分からないのか聞
　　いたりもしなければならないでしょ。1時間はか
　　かるよね。ま、いいか。友達にはちょっと遅れ
　　るって言うことにしますか。

男：ほんとですか。どうもすいません。じゃ。

おとこ こうはい なに
男の後輩は、このあと何をしますか。

1　先輩に資料を見せる
2　先輩にメールで資料を送る
3　家に帰ってパソコンを修理する
4　資料を取りに家に帰る

3번

대학 도서관에서 남자 후배와 여자 선배가 이야기하고 있습니다. 남자 후배는 이후 무엇을 합니까?

남 : 저기, 잠깐 괜찮습니까?

여 : 응, 뭐?

남 : 지금 레포트를 쓰고 있는데 영어 자료가 있어서 몇 번 읽어도 모르는 부분이 있어요. 선배님이라면, 알 수 있을 것 같아서요.

여 : 응, 괜찮아. 어디? 그 영어 자료는?

남 : 집에 놓고 와서 잠깐 기다려줄 수 있어요?

여 : 나 곧 친구와 약속이 있어서, 메일로 보내 줘. 오늘 밤에라도 봐 둘 테니까.

남 : 아~, 컴퓨터 지금 수리 중이거든요. 이거 참 난처하네. 30분이면 갔다 올 수 있습니다만.

여 : 음 근데 오고 나서 어디를 모르는지 물어보고 해야 하잖아. 1시간은 걸리겠지. 뭐, 됐어. 친구에게 조금 늦는다고 말해 두지 뭐.

남 : 정말입니까? 정말 죄송합니다. 그럼.

남자 후배는 이후 무엇을 합니까?

1　선배에게 자료를 보여준다.
2　선배에게 메일로 자료를 보낸다.
3　집에 돌아와서 컴퓨터를 수리한다.
4　자료를 가지러 집으로 돌아간다.

정답 4 　**문제유형** 과제이해

어휘 大学 대학 | 図書館 도서관 | 後輩 후배 | 先輩 선배 | 資料 자료 | 約束 약속 | 修理中 수리 중 | 困る 곤란하다 | 遅れる 늦다

해설 남자는 여자에게 모르는 영어 자료에 대해서 묻고 싶지만 자료를 집에 두고 왔다. 또한, 여자는 곧 친구와 약속이 있어 메일로 자료를 보내라고 하지만 남자는 컴퓨터가 고장 나서 보낼 수 없다고 말한다. 여자가 친구에게 늦는다고 말하고 기다려준다고 했으므로 정답은 4번이다.

4番 ▶ 07:25

だいがく おとこ ひと おんな ひと はな おんな ひと
大学で男の人と女の人が話しています。女の人はこ
なに
れからまず何をしますか。

男：山崎さん、来週の食会、どこでするか決めた？

女：いいえ、まだなんです。安くておいしい店を探
　　しているんですが。

男：予約は早目にしといたほうがいいと思うよ。人
　　数は全部で何人ぐらいになりそう？

2번

대학에서 남자와 여자가 이야기 하고 있습니다. 여자는 이제부터 우선 무엇을 합니까?

남 : 야마자키 씨, 다음 주 식사모임 어디서 할지 정했어?

여 : 아니요, 아직입니다. 싸고 맛있는 가게를 찾고 있는데요.

남 : 예약은 빨리 해 두는 편이 좋을 것 같아. 인원수는 전부 몇 명이 될 것 같아?

女：それがお店の場所が決まらないと、出席できる
　　かどうか分からないって言う人も、何人かいて…。

男：ほら、だから早くしないと。

女：すみません。

男：田中部長は食事会に来られるのかな。

女：はい。来るっておっしゃっていました。

男：そう。じゃ、早く決めてみんなにメール送って
　　おいてね。

女：はい。わかりました。

女の人はこれからまず何をしますか。

1　食事会をする店を予約する
2　出席する人数を確認する
3　田中部長に連絡する
4　みんなにメールを送る

여 : 그게 가게 장소가 정해지지 않으면, 출석할 수 있을지
　　여부를 알 수 없다고 하는 사람도 몇 명 있어서.

남 : 거봐, 그러니깐 빨리 해야 해.

여 : 죄송합니다.

남 : 다나카 부장님은 식사 모임에 오실 수 있을까?

여 : 네, 온다고 말씀하셨습니다.

남 : 그래. 그럼, 빨리 정해서 모두에게 메일을 보내줘.

여 : 네, 알겠습니다.

여자는 이제부터 우선 무엇을 합니까?

1　식사 모임을 할 가게를 예약한다
2　출석할 인원수를 확인한다
3　다나카 부장님에게 연락한다
4　모두에게 메일을 보낸다

정답 1　**문제유형** 과제이해

어휘 食事会 식사 모임 | 探す 찾다 | 予約 예약 | 早目 조금 빨리 | 人数 인원수 | 店 가게 | 場所 장소 | 出席 출석 | 送る 보내다

해설 남자가 여자에게 식사 모임 장소를 묻자 맛있는 가게를 찾고 있다고 말한다. 다시 남자가 여자에게 참석 인원을 묻자 장소가 정해지지 않아 출석 여부를 말할 수 없다는 사람이 있다고 하며 서둘러 장소를 정하자고 했으므로 정답은 1번이 된다.

5番 ▶ 08:50
学校で男の学生と女の先生が話しています。男の学生は何曜日に試験を受けますか。

男：先生、あのう、金曜日の試験なんですが…。

女：ええ、どうしましたか。

男：土曜日にうちの兄が結婚するんです。それで金
　　曜日には北海道の田舎に帰るので…。

女：そう。お兄さんの結婚式じゃしょうがないけど…。

男：来週の月曜日に受けてもいいですか。

女：月曜は私の授業がないでしょ。

男：ああ、そうでした。すいません。火曜日ではだ
　　めですか。

女：北海道へは飛行機？

男：はい、お昼の12時の飛行機です。

女：そう。それじゃあね。8時までに学校に来て。試
　　験は1時間で終るから。空港へは充分に間に合
　　うでしょ。今度の試験は月曜日までに学校に成績
　　を出すことになっているので、悪いけど。

男：はい。じゃ、そうします。

5번
학교에서 남학생과 여자 선생님이 이야기하고 있습니다.
남학생은 무슨 요일에 시험을 봅니까?

남 : 선생님, 저기 금요일 시험 말인데요.

여 : 네, 무슨 일입니까?

남 : 토요일에 우리 형이 결혼을 합니다. 그래서 금요일에
　　는 홋카이도의 시골에 돌아가서….

여 : 그렇군. 형 결혼식이면 어쩔 수 없지만….

남 : 다음 주 월요일에 시험을 봐도 괜찮습니까?

여 : 월요일은 내가 수업이 없죠.

남 : 아~, 맞다. 죄송합니다. 화요일은 안 됩니까?

여 : 홋카이도에는 비행기로?

남 : 예, 낮 12시 비행기입니다.

여 : 그래. 그럼, 8시까지 학교에 와서. 시험은 1시간이면
　　끝나니까. 공항에는 충분히 시간에 맞출 수 있어. 이
　　번 시험은 월요일까지 학교에 성적을 내게 되어 있기
　　때문에 미안하지만.

남 : 네. 그럼, 그렇게 하겠습니다.

<table>
<tr><td>

男の学生は何曜日に試験を受けますか。
1　金曜日に受ける
2　土曜日に受ける
3　月曜日に受ける
4　火曜日に受ける

</td><td>

학생은 무슨 요일에 시험을 봅니까?
1　금요일에 본다
2　토요일에 본다
3　월요일에 본다
4　화요일에 본다

</td></tr>
</table>

정답　1　**문제유형**　과제이해

어휘　試験 시험 | 結婚式 결혼식 | 授業 수업 | 空港 공항 | 十分 충분함 | 間に合う 시간에 맞게 대다 | 成績 성적

해설　남자는 금요일이 시험인데 토요일에 형의 결혼식이 있어서 금요일에는 시골에 가야하는 사정이 있으므로 다음 주 월요일에 시험을 보아도 되는지 여자에게 물어본다. 하지만 여자는 월요일에는 수업이 없고 금요일 비행기 시간이 12시이고 시험은 8시부터 1시간이면 끝난다고 말했으므로 정답은 1번이다.

<table>
<tr><td>

6番　▶ 10:30
学校で先生が話しています。学生はこの後まず何をしなければなりませんか。

男：えー、明日の京都見物ですが、日帰りで短い時間に色々な所を見て回るので、靴は履きやすいものをはいて来てください。見物するお寺などの説明は、このあと午後の授業でしますが、お昼休みに今から配る京都の地図を見ておいてください。地図にある赤いマークが見物する所です。帰って来るのが７時になりますが、晩ごはんは出ません。おにぎりやお菓子を持って来るのもいいですが、明日は朝ごはんをしっかり食べて来てくださいね。

学生は、この後まず何をしなければなりませんか。
1　はきやすい靴を選ぶ
2　見物する所の地図を見る
3　見物する所の説明を聞く
4　おにぎりやお菓子を準備する

</td><td>

6번
학교에서 선생님이 이야기 하고 있습니다. 학생은 이후 우선 무엇을 하지 않으면 안 됩니까?

남 : 내일 교토 구경하는데 당일치기로 짧은 시간에 여러 장소를 돌아보기 때문에 신발은 편한 것을 신고 와 주세요. 구경할 절 등의 설명은 이 다음 오후의 수업에서 할 건데요, 점심 시간에 지금 나누어 주는 지도를 봐 놓아 주세요. 지도에 있는 빨간 마크가 구경할 곳입니다. 돌아오는 것이 7시가 되지만, 저녁밥은 나오지 않습니다. 주먹밥이나 과자를 가지고 오는 것도 좋습니다만, 내일은 아침밥을 제대로 먹고 와 주세요.

학생은 이후 우선 무엇을 하지 않으면 안 됩니까?
1　신기 쉬운 신발을 고른다.
2　구경할 장소의 지도를 본다.
3　구경할 장소의 설명을 듣는다.
4　주먹밥이나 과자를 준비한다.

</td></tr>
</table>

정답　2　**문제유형**　과제이해

어휘　見物 구경 | 日帰り 당일치기 나들이 | 短い 짧다 | 回る 돌다 | 靴を履く 신발을 신다 | ます형 + やすい ~하기 쉽다 | 午後 오후 | お昼休み 점심시간 | 配る 나누어 주다 | 地図 지도

해설　「～てください」 표현에 신경 써야 한다. 남자는 학생에게 편한 신발을 신을 것과 나눠 준 지도를 봐 올 것을 부탁한다. 그러므로 학생은 먼저 점심시간에 나눠 준 지도를 봐야 한다. '아침밥을 제대로 먹고 와 주세요'라고 말한 것은 내일 해야 하는 일이므로 신경 쓰지 않아도 된다.

문제2

문제2에서는 먼저 질문을 들으세요. 그 후 문제지를 보세요. 읽을 시간이 있습니다. 그리고 이야기를 듣고 문제지의 1~4 중에서 가장 적당한 것을 하나 고르세요.

1番 ▶ 14:11
かいしゃ おんな ひと おとこ ひと はな
会社で女の人と男の人が話しています。男の人がお
べんとう も
弁当を持ってきたのは、どうしてですか。

女：山田さん、お昼行きませんか。あれ、何それ。
お弁当？
男：ええ。今日はこれ、持ってきたんで。
女：へえー。手作りのお弁当ですかあ。そっか、誰
かいい人が作ってくれたんだ。
男：そうだといいんだけど。雑誌見てたら僕にも作
れそうなのがあったから。作ったんですよ、自
分で。
女：料理作るの好きなんですか。
男：そうじゃないんだけど、最近お腹が出てきちゃっ
て。外で食べるとトンカツとか唐揚げとか油っ
こいものが多くなるし。
女：野菜も不足するよね。私も毎日外で食べるの飽
きてきたし、頑張ってお弁当作ろうかな。

おとこ ひと べんとう も
男の人がお弁当を持ってきたのは、どうしてですか。
1 恋人が作ってくれたから
2 料理を作るのが好きだから
3 太ってきたから
4 外で食べるのに飽きたから

1번
회사에서 여자와 남자가 이야기하고 있습니다. 남자가 도시락을 가지고 온 것은 어째서입니까?

여 : 야마다 씨, 점심 먹으러 가지 않을래요? 어머, 뭐야 그거. 도시락?
남 : 네. 오늘은 이거 가지고 와서.
여 : 어머. 수제 도시락이에요? 그렇구나, 누군가 좋은 사람이 만들어 주었구나.
남 : 그러면 좋은데. 잡지를 봤더니 나도 만들 수 있을 것 같은 게 있어서. 만들었어요, 제가.
여 : 요리 만드는 거 좋아해요?
남 : 그렇진 않은데, 최근 배가 나와서. 밖에서 먹으면 돈가스라던가 튀김이라던가 기름진 것이 많아져서.
여 : 야채도 부족하게 되죠. 나도 매일 밖에서 먹는 거 질리고, 노력해서 도시락을 만들어 볼까.

남자가 도시락을 가지고 온 것은 어째서입니까?
1 애인이 만들어 주었기 때문에
2 요리를 만드는 것을 좋아하기 때문에
3 뚱뚱해졌기 때문에
4 밖에서 먹는 것에 질렸기 때문에

정답 3 **문제유형** 포인트이해

어휘 お弁当 도시락 | 手作り 수제 | 雑誌 잡지 | 料理 요리 | お腹が出る 배가 나오다 | 油っこい 기름기가 많다 | 野菜 채소 | 不足 부족 | 飽きる 질리다

해설 남자와 여자의 대화에서 남자가 잡지를 보면 쉽게 만들 수 있는 요리도 실려 있다고 하지만 남자가 도시락을 싸 온 이유는 최근 배도 나오고 밖에서 먹으면 기름진 음식을 먹게 되어서라고 말한다. 따라서 정답은 3번이다.

2番 ▶ 16:03

男の人と女の人が話しています。二人は何時に待ち合わせをしますか。

女：ミュージカルのチケットあるんだけど、行かない？ 今度の日曜日、銀座のさくらホールなんだけど。

男：何時から？

女：3時から。ねえ、行こうよ。

男：うん。3時からだったらいいよ。お昼にちょっと用事があるけど。

女：よかった。

男：銀座なら、2時までには行けると思うけど、さくらホールは何時から入れるの？

女：入場はね。ちょっと待って、チケット見てみるから。うん、30分前からだって。

男：じゃあ、その10分前にさくらホールの前で待ち合わせようか。

女：10分前に行かなくてもチケットはあるんだから、入場時間に合わせようよ。

男：うん。じゃ、それで。終ったら銀座で食事しようか。

女：うん。

二人は何時に待ち合わせをしますか。

1　2時20分
2　2時30分
3　2時50分
4　3時ちょうど

2번

남자와 여자가 이야기 하고 있습니다. 두 사람은 몇 시에 만나기로 합니까?

여：뮤지컬 티켓이 있는데, 가지 않을래? 이번 일요일, 긴자 사쿠라 홀인데.

남：몇 시부터?

여：3시부터. 자, 가자.

남：응. 3시부터라면 좋아. 점심에 잠깐 용건이 있는데.

여：잘 됐다.

남：긴자라면 2시까지 갈 수 있는데, 사쿠라 홀은 몇 시부터 들어갈 수 있어?

여：입장은. 잠깐 기다려. 티켓 봐 볼게. 응, 30분 전부터래.

남：그럼, 그 10분 전에 사쿠라 홀 앞에서 만날까?

여：10분 전에 가지 않아도 티켓은 있으니깐 입장 시간에 맞추자.

남：응. 그럼. 그렇게 하자. 끝나면 긴자에서 식사할까?

여：응.

두 사람은 몇 시에 만나기로 합니까?

1　2시 20분
2　2시 30분
3　2시 50분
4　3시 정각

정답 2 **문제유형** 포인트이해

어휘 待ち合わせ (만나는) 약속 | 今度 이번 | 用事 용건 | 入場 입장 | 食事 식사

해설 공연 시간은 3시부터이고 홀 입장은 30분 전부터 입장 가능하다. 그래서 10분 전에 만나서 입장하려 했으나 티켓을 가지고 있어 굳이 일찍 가지 않아도 되므로 입장 시간인 2시 30분에 만나기로 한다.

3番 ▶ 17:51

男の学生と女の学生が話しています。男の学生が、このアルバイトをしたくない理由は何ですか。男の学生です。

男：あー、どうしようかな。

女：どうしたの？

男：友達がアルバイトを紹介してくれたんだけど、やろうかどうしようか迷ってるんだ。

女：何なの、アルバイトって？

3번

남학생과 여학생이 이야기하고 있습니다. 남학생이 이 아르바이트를 하고 싶지 않은 이유는 무엇입니까? 남학생입니다.

남：아~, 어떻게 할까.

여：무슨 일이야?

남：친구가 아르바이트를 소개해 주었는데, 할지 어떨지 망설이고 있어.

여：무슨, 아르바이트인데?

男：コンビニ。コンビニってやったことないし、まあ、それはいいんだけど。
とにかく朝5時からっていうのがちょっと。

女：わたし前にやったことあるけど、朝早いと時給はいいでしょ。

男：うん。時給は悪くないね。それに交通費も2万円くれるって言うんだけど。
うーん。起きられないよ、そんな早く。

女：早起きは健康にいいのよ、やってみたら。やらないんだったら、私やろうかな。

男：いいよ。そうして。

女：で、どこなの？そのコンビニは。

男：品川の駅前。

女：あー、だめだめ。品川だと、家から遠すぎて私も無理。

男の学生が、このアルバイトをしたくない理由は何ですか。

1　やってみた経験がないので
2　朝早く起きなければならないので
3　交通費が出ないので
4　家から遠すぎるので

남 : 편의점. 편의점은 해본 적 없고, 뭐 그건 괜찮은데. 어쨌든 아침 5시부터라는 것이 좀.

여 : 난 전에 한 적이 있는데, 아침 일찍이면 시급이 좋아.

남 : 응. 시급은 나쁘지 않네. 게다가 교통비도 2만 엔 준다고 하는데. 음. 못 일어나, 그렇게 빨리.

여 : 빨리 일어나는 것은 건강에 좋아, 해 봐. 안 할거면, 내가 할까.

남 : 좋아. 그렇게 해.

여 : 근데, 어디야? 그 편의점은.

남 : 시나가와 역 앞.

여 : 아, 안 돼 안 돼. 시나가와라면, 집에서 너무 멀어서 나도 무리.

남학생이 이 아르바이트를 하고 싶지 않은 이유는 무엇입니까?

1　해 본 경험이 없기 때문에.
2　아침 일찍 일어나지 않으면 안 되기 때문에.
3　교통비가 나오지 않기 때문에.
4　집에서 너무 멀기 때문에.

정답 2　**문제유형** 포인트이해

어휘 紹介 소개 | 迷う 망설이다 | 時給 시급 | 交通費 교통비 | 健康 건강

해설 남학생은 편의점에서 일을 한 적이 없어서 망설였으나 시급도 나쁘지 않고 교통비도 나오므로 하는 것이 좋다고 여학생이 말한다. 그러나 그렇게 빨리는 일어날 수 없다는 이유로 편의점 아르바이트를 할 수 없다고 말하므로 정답은 2번이다.

4番 ▶ 19:54

ラジオで男の人が話しています。男の人は、今度の旅行で一番よかったことは何だったと言っていますか。

男：あちこち旅行に出かけて、山の写真を撮るのが私の仕事なんですが、今度は写真を撮るのも忘れて、一日中食べてました。おいしいものがいっぱいあって、中でも魚が一番おいしかった。それとお酒もおいしくて飲みすぎてしまったんですが、それよりもっとよかったのが、お酒を飲んでた店で飼ってた猫。いやあ、これが面白い顔をする猫でしてねえ。猫は好きじゃないんだけど、写真撮っちゃいましたよ。普段は動物の写真なんか撮らないんですけどね。

4번

라디오에서 남자가 이야기하고 있습니다. 남자는 이번 여행에서 가장 좋았던 것은 무엇이었다고 말하고 있습니까?

남 : 여기저기 여행가서 산 사진을 찍는 것이 제 일입니다만, 이번에는 사진을 찍는 것도 잊고 온종일 먹었습니다. 맛있는 것이 많이 있었고, 그 중에서도 생선이 가장 맛있었습니다. 그것(생선)과 술도 맛있어서 과식하고 말았지만, 그것보다 더욱 좋았던 것이 술을 마셨던 가게에서 키우고 있던 고양이. 아니, 그게 재미있는 표정을 한 고양이였고. 고양이는 좋아하지 않지만, 사진 찍어 버렸어요. 보통은 동물 사진 같은 건 안 찍는데.

男の人は今度の旅行で一番よかったことは何だっと言っていますか。
1 おいしい魚をたくさん食べたこと
2 おいしい酒をたくさん飲んだこと
3 おもしろい猫に会ったこと
4 猫が好きになったこと

남자는 이번 여행에서 가장 좋았던 것은 무엇이었다고 말하고 있습니까?
1 맛있는 생선을 많이 먹었던 일.
2 맛있는 술을 많이 마셨던 일.
3 재미있는 고양이를 만난 일.
4 고양이를 좋아하게 된 일.

정답 3 **문제유형** 포인트이해

어휘 旅行 여행 | 今度 이번 | 写真を撮る 사진을 찍다 | 飼う 키우다 | 面白い 재미있다 | 猫 고양이 | 普段 보통 | 動物 동물

해설 남자는 사진을 찍으러 다니지만 이번 여행에서는 생선과 음식이 맛있어서 사진 찍는 것도 잊어버렸다고 한다. 그런데 「それよりもっとよかったのが(그것보다 더욱 좋았던 것이)」라고 말했으므로 앞에 열거한 것보다 뒤에 나온 사실이 더욱 좋은 것이므로 재미있는 고양이를 만난 일이 정답이 된다.

5番 ▶ 21:32
教室で女の学生が話しています。女の学生が、この学校に転校して来た一番の理由は何ですか。

女：はじめまして、山本みどりです。沖縄から来ました。今度東京に転勤になった父と一緒に、私もこの高校に転校して来ました。私も母や妹と沖縄にいてもよかったのですが、昔から大学は東京で通うと決めていたので早く東京に住みたくて、両親に何度も頼んで、ちょっと早目に来てしまいました。この高校は沖縄で通っていたのと、同じカトリックの学校なので、雰囲気がよく似ていて安心しています。でも東京で住むのは初めてなので、みなさん、どうぞよろしくお願いします。

女の学生が、この学校に転校して来た一番の理由は何ですか。
1 父が東京に勤務になったので
2 早く東京で住みたかったので
3 両親が東京に行けと言ったので
4 雰囲気がよく似ているので

5번
교실에서 여학생이 이야기하고 있습니다. 여학생이 이 학교에 전학온 첫 번째 이유는 무엇입니까?

여 : 처음 뵙겠습니다. 야마모토 미도리입니다. 오키나와에서 왔습니다. 이번에 도쿄에 전근 오게 된 아빠와 함께 저도 이 고등학교에 전학 왔습니다. 저도 엄마나 여동생과 오키나와에 있어도 됐지만, 옛날부터 대학은 도쿄에서 다니려고 정했기 때문에 빨리 도쿄에서 살고 싶어서 부모님께 몇 번이나 부탁해서 조금 일찍 오게 되었습니다. 이 고등학교는 오키나와에서 다녔던 학교와 같은 가톨릭 학교이기 때문에 분위기가 매우 비슷해서 안심하고 있습니다. 그런데 도쿄에서 사는 것은 처음이라서 여러분 아무쪼록 잘 부탁합니다.

여학생이 이 학교에 전학온 첫 번째 이유는 무엇입니까?
1 아빠가 도쿄에 전근하게 되었기 때문에
2 빨리 도쿄에서 살고 싶었기 때문에
3 부모님이 도쿄에 가라고 했기 때문에
4 분위기가 매우 닮았기 때문에

정답 2 **문제유형** 포인트이해

어휘 転勤 전근 | 高校 고등학교 | 転校 전학 | 通う 다니다 | 両親 부모님 | 頼む 부탁하다 | 雰囲気 분위기 | 似る 닮다

해설 전학 온 학생이 전학 오게 된 이유를 말하고 있다. 아빠의 전근으로 함께 도쿄에 왔다고 말하고 있으나 옛날부터 대학은 도쿄에서 다니기로 정해서 빨리 도쿄에서 살고 싶어서 부모님에게 몇 번이고 부탁해서 전학 왔음을 밝히고 있다.

6番 ▶▶ 23:16

<ruby>会社<rt>かいしゃ</rt></ruby>で<ruby>男<rt>おとこ</rt></ruby>の<ruby>人<rt>ひと</rt></ruby>と<ruby>女<rt>おんな</rt></ruby>の<ruby>人<rt>ひと</rt></ruby>が<ruby>話<rt>はな</rt></ruby>しています。<ruby>女<rt>おんな</rt></ruby>の<ruby>人<rt>ひと</rt></ruby>がボクシングを<ruby>始<rt>はじ</rt></ruby>めた<ruby>目的<rt>もくてき</rt></ruby>は<ruby>何<rt>なん</rt></ruby>ですか。

男：<ruby>川口<rt>かわぐち</rt></ruby>さん、ボクシング<ruby>始<rt>はじ</rt></ruby>めたんだって？

女：そう。まだ<ruby>初<rt>はじ</rt></ruby>めて、ひと<ruby>月<rt>つき</rt></ruby>しかならないけど。

男：ボクシングなんか<ruby>習<rt>なら</rt></ruby>わなくても。<ruby>川口<rt>かわぐち</rt></ruby>さん<ruby>体<rt>からだ</rt></ruby>も<ruby>大<rt>おお</rt></ruby>きいし、<ruby>充分<rt>じゅうぶん</rt></ruby><ruby>怖<rt>こわ</rt></ruby>いですけど。

女：でしょ。みんな<ruby>私<rt>わたし</rt></ruby>のこと<ruby>知<rt>し</rt></ruby>らないのよ。<ruby>怖<rt>こわ</rt></ruby>い<ruby>感<rt>かん</rt></ruby>じがするのは、<ruby>私<rt>わたし</rt></ruby>がストレスに<ruby>弱<rt>よわ</rt></ruby>いから！
すぐイライラして、それが<ruby>顔<rt>かお</rt></ruby>に<ruby>出<rt>で</rt></ruby>るから<ruby>怖<rt>こわ</rt></ruby>い<ruby>感<rt>かん</rt></ruby>じになるのよ。
ボクシングはストレスに<ruby>強<rt>つよ</rt></ruby>くなるって<ruby>聞<rt>き</rt></ruby>いたから、それで。

男：ふーん。でも、<ruby>本当<rt>ほんとう</rt></ruby>はダイエットのためなんでしょ。ボクシングって、やせるって<ruby>言<rt>い</rt></ruby>うし。

女：ダイエットにもなるよ、ボクシングは。<ruby>汗<rt>あせ</rt></ruby>ものすごくかくし、<ruby>練習<rt>れんしゅう</rt></ruby>のあとは<ruby>疲<rt>つか</rt></ruby>れてよく<ruby>眠<rt>ねむ</rt></ruby>れるし、<ruby>体<rt>からだ</rt></ruby>も<ruby>丈夫<rt>じょうぶ</rt></ruby>になるよ。いいこと<ruby>多<rt>おお</rt></ruby>いんだけど<ruby>私<rt>わたし</rt></ruby>の<ruby>目的<rt>もくてき</rt></ruby>は<ruby>一<rt>ひと</rt></ruby>つだから。

男：ふーん。<ruby>怖<rt>こわ</rt></ruby>いのは<ruby>性格<rt>せいかく</rt></ruby>だと<ruby>思<rt>おも</rt></ruby>うけどなあ。

女：もおーっ！パンチ<ruby>飛<rt>と</rt></ruby>ぶよ。

<ruby>女<rt>おんな</rt></ruby>の<ruby>人<rt>ひと</rt></ruby>がボクシングを<ruby>始<rt>はじ</rt></ruby>めた<ruby>目的<rt>もくてき</rt></ruby>は<ruby>何<rt>なに</rt></ruby>ですか。

1 <ruby>印象<rt>いんしょう</rt></ruby>がよくなるようにするため
2 ダイエットをするため
3 よく<ruby>眠<rt>ねむ</rt></ruby>れるようにするため
4 <ruby>体<rt>からだ</rt></ruby>を<ruby>丈夫<rt>じょうぶ</rt></ruby>にするため

6번

회사에서 남자와 여자가 이야기하고 있습니다. 여자가 복싱을 시작한 목적은 무엇입니까?

남 : 가와구치 씨, 복싱 시작했다면서?

여 : 응. 아직 시작한지, 한 달 밖에 안 됐지만.

남 : 복싱 같은건 배우지 않아도. 가와구치 씨 몸도 크고, 충분히 무서운데.

여 : 그치, 모두 나를 몰라. 무서운 느낌이 드는 것은 내가 스트레스에 약하기 때문이야! 바로 초조해 하고, 그것이 표정으로 나오기 때문에 무서운 느낌이 드는 거야. 복싱은 스트레스에 강해진다고 들어서, 그래서.

남 : 음. 근데, 사실은 다이어트 때문인 거지? 복싱은 살 빠진다고 하고.

여 : 다이어트도 돼, 복싱은. 땀도 엄청 흘리고, 연습 후에는 지쳐서 잠도 잘 들고, 몸도 튼튼해져. 좋은 점은 많지만, 나의 목적은 하나라서.

남 : 음, 무서운 것은 성격이라고 생각하는데.

여 : 뭐! 펀치 날린다.

여자가 복싱을 시작한 목적은 무엇입니까?

1 인상이 좋아지도록 하기 위해
2 다이어트를 하기 위해서
3 잘 잘 수 있도록 하기 위해서
4 몸을 튼튼하게 하기 위해서

정답 1 **문제유형** 포인트이해

어휘 <ruby>始<rt>はじ</rt></ruby>める 시작하다 I ひと<ruby>月<rt>つき</rt></ruby> 한달 I <ruby>習<rt>なら</rt></ruby>う 배우다 I <ruby>体<rt>からだ</rt></ruby> 몸 I <ruby>怖<rt>こわ</rt></ruby>い 무섭다 I <ruby>弱<rt>よわ</rt></ruby>い 약하다 I <ruby>顔<rt>かお</rt></ruby>に<ruby>出<rt>で</rt></ruby>る 얼굴에 나오다 I <ruby>強<rt>つよ</rt></ruby>い 강하다 I <ruby>練習<rt>れんしゅう</rt></ruby> 연습 I <ruby>疲<rt>つか</rt></ruby>れる 피곤하다 I <ruby>眠<rt>ねむ</rt></ruby>れる 잘 수 있다 I <ruby>性格<rt>せいかく</rt></ruby> 성격 I <ruby>飛<rt>と</rt></ruby>ぶ 날리다

해설 여자는 자신이 스트레스에 약해서 초조해하고, 초조함이 얼굴에 나타나서 무서워 보인다고 한다. 복싱은 스트레스에 강해진다고 말하므로 인상이 좋아지도록 하기 위해서인 1번이 정답이 된다.

문제3

문제3에서는 문제용지에 아무것도 인쇄되어 있지 않습니다. 이 문제는 전체가 어떤 내용인가를 묻는 문제입니다. 이야기 앞에 문제는 없습니다. 먼저 이야기를 들어 주세요. 그리고 나서 질문과 선택지를 듣고, 1~4 중에서 가장 적당한 것을 하나 고르세요.

1番 ▶ 27:56

男の人と小学校の女の先生が話しています。

男：どう？新しい小学校に移ったそうだけど。

女：うん。今度の学校は先輩も先生方もみんな親切だし、悪くないよ。ただ、子供たちがちょっとね。

男：ああ、あれ？テレビで見たけど、最近の子供って体力なくて、すぐに倒れて病院に運ばれたりするんだってね。

女：うーん、私が担当している3年生のクラスは、みんな体も大きいし、体力のほうは心配ないと思うけど、落ち着きがなくて。授業中に席から離れて歩き回ったりするし。

男：へー、そうなの。

女：うん。それでちょっと困ってる。でもね、学校終るとほとんどの子が塾に通っているからかなあ。勉強のほうは、けっこうみんなできるよ。

男：へー、そうなんだ。

女の先生は、自分のクラスの子供についてどうだと言っていますか。

1　体も小さいし、勉強もできない。

2　体は大きいが、体力がない。

3　体力はないが、勉強はできる。

4　勉強はできるが、落ち着きがない。

1번

남자와 초등학교 여자 선생님이 이야기하고 있습니다.

남：어때? 새로운 학교로 옮겼다고 들었는데.

여：응. 이번 학교는 선배도 선생님도 모두 친절하고, 나쁘지 않아.단지, 아이들이 좀.

남：어, 저런? 텔레비전에서 봤는데, 요즘 아이들은 체력이 없어서 바로 쓰러져 병원에 실려가거나 한다던데.

여：아니, 내가 담당하고 있는 3학년 반은 모두 몸집도 크고 체력은 걱정하지 않는데, 차분하지 않아서. 수업 중에 자리에서 일어나 돌아다니곤 해.

남：허참, 그래?

여：응. 그래서 조금 난처해. 근데, 학교가 끝나면, 대부분의 아이가 학원을 다니고 있어선지. 공부는 꽤 모두 잘해.

남：어, 그렇구나.

여자 선생님은, 자신의 반의 학생에 대해서 어떻다고 말하고 있습니까?

1　몸도 작고 공부도 못한다.

2　몸은 크지만 체력이 없다.

3　체력은 없지만 공부는 잘한다.

4　공부는 잘하지만 차분하지 않다.

정답 4　**문제유형** 개요이해

어휘 移る 옮기다 l ~方 ~분 l 親切 친절 l 体力 체력 l 倒れる 쓰러지다 l 病院 병원 l 運ぶ 옮기다 l 担当 담당 l 体 몸 l 落ち着く 침착하다 l 授業中 수업 중 l 離れる 벗어나다 l 歩き回る 걸어 돌아다니다 l 塾 학원

해설 남자가 요즘 아이들이 체력이 없어 병원에 실려가는 것을 말하자 여자가 담당하는 아이들은 체력은 좋은데 차분하지 않아 수업 중에 자리를 벗어나서 곤란하지만, 대부분의 학생이 학원에 다니고 있는지 공부는 잘한다고 말하고 있다. 그러므로 정답은 4번이다.

2番 ▶▶ 29:56

テレビでリポーターの女の人が話しています。

女：こんにちはー。私は今、ヨーロッパに来ています。あれ？　でも道を歩いているのは日本人ばかり。建物も広場も確かにここはヨーロッパのようなんですが…。
はーい、そうなんです。ここは昨日オープンしたばかりの新しい観光地、ヨーロッパ村なんです。日本にいながら、気分はすっかりヨーロッパ。レストランに入れば、店員さんもヨーロッパ人。そして、ワイン，チーズ，チョコレート。ヨーロッパのおいしいものがここではとっても安く買えるんですよー。うれしくなっちゃいますね。

リポーターの女の人は、何について話していますか。

1　ヨーロッパ村という新しい観光地
2　ヨーロッパ村に来ている日本人
3　ヨーロッパの食べ物のバーゲンセール
4　ヨーロッパのおいしいレストラン

2번

텔레비전에서 리포터인 여자가 이야기 하고 있습니다.

여 : 안녕하세요. 저는 지금 유럽에 와 있습니다. 어머? 그런데, 길을 걷고 있는 사람은 일본인 뿐. 건물도 광장도 확실히 여기는 유럽 같은데요….
네, 그렇습니다. 여기는 어제 막 오픈한 새로운 관광지 유럽 마을입니다. 일본에 있으면서 기분은 완전히 유럽. 레스토랑에 들어가면 점원도 유럽인, 그리고 와인, 치즈, 초콜릿. 유럽의 맛있는 음식이 여기서는 매우 싸게 살 수 있습니다. 기쁘네요.

리포터인 여자는 무엇에 대해서 이야기하고 있습니까?

1　유럽 마을이라는 새로운 관광지
2　유럽 마을에 오는 일본인
3　유럽 음식의 바겐세일
4　유럽의 맛있는 레스토랑

정답　1　**문제유형**　개요이해

어휘　建物 건물 | 広場 광장 | 確かに 확실히 | 観光地 관광지 | 村 마을 | すっかり 완전히 | 店員 점원

해설　여자가 여기는 어제 막 오픈한 새로운 관광지 유럽 마을이고 일본에 있으면서 유럽에 있는 기분을 느낄 수 있다고 말하고 있으므로 정답은 1번이다.

3番 ▶▶ 31:40

会議の席で男の人が話しています。

男：私たちの商店街が昔のようににぎやかになるためには、みんながいっしょに使える広い駐車場が必要です。今、駐車場のある店は、この商店街に二つしかありません。
二つ合わせても車は6台しか止められませんし、その店を利用するお客さんしか使えません。イベント会場を商店街に作ることも必要でしょうが、近くのショッピングセンターにあんなに大勢の人が集まるのは、車を止める広い駐車場があるからです。そうじゃないでしょうか。

男の人が言いたいことは何ですか。

1　ショッピングセンターの駐車場を貸してもらおう。
2　イベント会場を作ろう。
3　駐車場のある店をもっとたくさん作ろう。
4　いっしょに使える広い駐車場を作ろう。

3번

회의석에서 남자가 이야기하고 있습니다.

남 : 우리 상점가가 옛날처럼 번화해지기 위해서는 모두가 함께 사용할 수 있는 넓은 주차장이 필요합니다. 지금 주차장이 있는 가게는 이 상점가에 두 개밖에 없습니다. 두 개를 합쳐도 6대밖에 세울 수 없고, 그 가게를 이용하는 사람밖에 사용할 수 없습니다. 이벤트 회장을 상점가에 만드는 것도 필요합니다만, 근처 쇼핑센터에 저렇게 많은 사람이 모이는 것은 차를 세우는 넓은 주차장이 있기 때문입니다. 그렇지 않습니까.

남자가 말하고 싶은 것은 무엇입니까?

1　쇼핑센터의 주차장을 빌리자.
2　이벤트 회장을 만들자.
3　주차장이 있는 가게를 좀 더 많이 만들자.
4　함께 사용할 수 있는 넓은 주차장을 만들자.

정답 4 **문제유형** 개요이해

어휘 商店街 상점가 | 駐車場 주차장 | 必要 필요 | 合わせる 합하다 | 止める 세우다 | 利用する 이용하다 | 会場 회장 |
大勢 많은 사람 | 集まる 모이다

해설 남자는 상점가가 옛날처럼 번화하려면, 모두가 함께 사용할 수 있는 넓은 주차장이 필요하다고 한다. 근처 쇼핑센터
가 사람이 많이 모이는 것도 차를 세우는 주차장이 있기 때문이라고 말하므로, 정답은 4번이다.

문제4

문제4에서는, 그림을 보면서 질문을 들어주세요. 화살표(→)의 사람은 뭐라고 말합니까? 1~3 중에서 가장 적당한 것을 하나 고
르세요.

1番 ▶ 34:30

男：ホテルの部屋の鍵を失くして部屋に入れません。
　　ホテルの人に何と言いますか。

女： 1　鍵をもらえますか。
　　 2　鍵を失くされたんですか。
　　 3　鍵を失くしちゃったんですが…。

1번

남 : 호텔 방의 열쇠를 잃어버려서 방에 들어갈 수 없습니
다. 호텔 직원에게 뭐라고 말합니까?

여 : 1　열쇠를 받을 수 있습니까?
　　 2　열쇠를 잃어버리게 되었습니까?
　　 3　열쇠를 잃어버렸습니다만….

정답 3 **문제유형** 발화표현

어휘 部屋 방 | 鍵 열쇠

해설 정답이 1번이라고 생각하기 쉽지만, 1번은 내가 당당히 열쇠를 달라고 요구할 때 사용하는 표현이고 문제의 상황은
내가 열쇠를 잃어버린 상황이므로 정답은 3번이다.

2番 ▶ 35:04

女：卒業パーティーのポスターを先生に頼まれて作
　　りましたが、あまり自信がありません。先生に
　　何と言いますか。

男： 1　これでよろしいですか。
　　 2　これがよろしいですか。
　　 3　これ、ちょっとよろしいですか。

2번

여 : 졸업 파티의 포스터를 선생님에게 부탁받아서 만들었
습니다만 그다지 자신이 없습니다. 선생님에게 뭐라고
말합니까?

남 : 1　이것으로 괜찮습니까?
　　 2　이것이 괜찮습니까?
　　 3　지금 잠깐 괜찮습니까?

정답 1 **문제유형** 발화표현

어휘 卒業 졸업 | 頼む 부탁하다 | 自信 자신

해설 3번을 답으로 생각할 수 있으나 3번은 '잠깐 (시간) 괜찮습니까?'라고 말할 때 사용하는 표현이다. 부탁 받은 일에 자신이 없으므로 '이것으로 괜찮습니까?'라는 허락을 구해야 하므로 1번이 정답이다.

3番 ▶ 35:37

女：コンビニで一緒にアルバイトをしている友達が、風邪で熱があるようです。友達に何と言いますか。

男：1　今日は、早く帰らせて。
　　2　今日は、もう帰ったら。
　　3　今日は、早く帰るんじゃないの。

3번

여 : 편의점에서 함께 아르바이트를 하고 있는 친구가 감기로 열이 있는 것 같습니다. 친구에게 뭐라고 말합니까?

남 : 1　오늘은 빨리 돌아가게 해줘.
　　2　오늘은 빨리 돌아가면 어때.
　　3　오늘은 빨리 돌아가는 거 아니니?

정답 2　**문제유형** 발화표현

어휘 風邪 감기 ㅣ 熱 열 ㅣ 帰る 돌아가(오)다

해설 편의점에서 같이 아르바이트하는 친구가 감기인 것 같아서 빨리 돌아갈 것을 권유하는 것이기 때문에 정답은 2번이 된다.

4番 ▶ 36:10

男：レストランで食事をしている時、フォークを落としてしまいました。何と言いますか。

女：1　新しいのを差し上げましょうか。
　　2　新しいのを持って来ていただけますか。
　　3　新しいのを持って来ましょう。

4번

남 : 레스토랑에서 식사를 하고 있을 때, 포크를 떨어뜨렸습니다. 뭐라고 말합니까?

여 : 1　새 것을 드릴까요?
　　2　새 것을 가지고 와 주실 수 있습니까?
　　3　새 것을 가지고 옵시다.

정답 2　**문제유형** 발화표현

어휘 食事をする 식사를 하다 ㅣ 落とす 떨어뜨리다 ㅣ 差し上げる 드리다

해설 여자는 남자에게 '새 것을 가져다 줄 수 있습니까?'라고 부탁해야 하므로 정답은 2번이 된다.

문제5

문제5에서는 문제용지에 아무것도 인쇄되어 있지 않습니다. 먼저 문제를 들으세요. 그리고 나서 그 대답을 듣고 1~3 중에서 가장 적당한 것을 하나 고르세요.

1番 ▶38:00

女：コーヒー、もう一杯お持ちしましょうか。

男：1　おいしいのがありますよ。

　　2　ええ。おかげさまで。

　　3　あ、もうけっこうです。

1번

여 : 커피, 한잔 더 가지고 올까요?

남 : 1　맛있는 것이 있습니다.

　　2　네. 덕분에.

　　3　아, 이제 됐습니다.

정답 3　**문제유형** 즉시응답

어휘 一杯 한잔

해설 이제 됐다는 거절 표현이 적당하므로 정답은 3번이다.

2番 ▶38:24

女：ねえ、松本先生が結婚するんだって。知ってた？

男：1　結婚するかもしれないね。

　　2　ちっとも知らなかった。

　　3　結婚式は、どうだった？

2번

여 : 있잖아, 마츠모토 선생님이 결혼한대. 알고 있었어?

남 : 1　결혼할지도 몰라.

　　2　전혀 몰랐어.

　　3　결혼식은 어땠어?

정답 2　**문제유형** 즉시응답

어휘 結婚式 결혼식

해설 이 문제는 부사「ちっとも～ない(전혀, 조금도 ~않다)」에 주의해야 한다. 대화의 내용상 가장 적절하게 성립하는 것은 2번이다.

3番 ▶38:51

男：このパンフレットは、いただいて帰ってもいいんですか。

女：1　どうぞ、お持ちください。

　　2　はい、たくさん召しあがってください。

　　3　どうも、お邪魔しました。

3번

남 : 이 팸플릿은 받아서 돌아가도 괜찮습니까?

여 : 1　어서 가져 가세요.

　　2　네, 많이 드세요.

　　3　대단히 실례했습니다.

정답 1　**문제유형** 즉시응답

어휘 いただく 받다(겸양어) | 召しあがる 드시다 | じゃま 방해

해설 이 문제는 팸플릿을 받아서 돌아가도 되냐는 승낙을 구하는 문제이다. 그러므로 답은 1번이 된다. 팸플릿을 가지고 돌아가는 주체는 상대가 되므로「お + ます형 + ください」의 정중 표현을 사용해야 한다. 주의할 점은「いただく」의 경우「食べる(먹다), もらう(받다)」의 겸양어이기 때문에 회화에서 어떤 의미로 쓰였는지 주의해야 한다.

4番 ▶39:16

男：課長が明日までに会議の資料を作るようにって言ってたよ。

女：1　間に合ってよかったですね。

　　2　じゃ、急がなきゃ。

　　3　いつ資料を出したんですか。

4번

남 : 과장님이 내일까지 회의 자료를 만들라고 했어.

여 : 1　시간에 맞아서 다행이다.

　　2　그럼, 서두르지 않으면.

　　3　언제 자료를 냈습니까?

정답 2 **문제유형** 즉시응답

어휘 資料 자료 | 間に合う 시간에 맞게 대다 | 急ぐ 서두르다

해설 이 문제에서는 「~までに(~까지)」라는 표현에 주의해야 한다. 과장님이 내일까지라는 기한을 주었기 때문에 가장 자연스러운 답은 2번이 된다.

5番 ▶ 39:42

男：今日、授業が終わったら、またみんなでカラオケに行くんだけど、どう？
女：1 うん。面白かったよ。
　　2 また今度誘って。
　　3 なんで、早く帰ったの。

5번

남：오늘 수업이 끝나면 또 모두 가라오케에 갈 건데, 어때?
여：1 응. 재밌었어.
　　2 다음에 다시 불러줘.
　　3 어째서 빨리 돌아갔어?

정답 2 **문제유형** 즉시응답

어휘 授業 수업 | 終わる 끝나다 | 面白い 재미있다 | 誘う 권하다

해설 수업이 끝나면 같이 가라오케에 가자는 청유·권유 표현이다. 흐름상 가장 적합한 것은 2번이다.

6番 ▶ 40:08

女：あ、学校に忘れ物しちゃった。ちょっとここで待っててもらえる？
男：1 忘れ物でもしたの？
　　2 早く来てね。
　　3 すぐ行って来るから。

6번

여：아, 학교에 물건 두고 와버렸다. 잠깐 여기에서 기다려 줄래?
남：1 뭘 두고 온거야?
　　2 빨리 와.
　　3 바로 갔다 오니깐.

정답 2 **문제유형** 즉시응답

어휘 忘れ物する 물건을 깜빡 놓고 오다

해설 이 문제는 상대에게 잠깐 기다려 줄 수 있냐는 승낙을 구하는 표현이다. 다른 내용은 흐름상 맞지 않으므로 정답은 2번이 된다.

7番 ▶ 40:34

女：今夜のパーティーのサンドイッチだけど、これで足りるよね。もっと作らなきゃいけないかな。
男：1 それでいいんじゃないの。
　　2 全部食べちゃったの。
　　3 せっかく作ったのに。

3번

여：오늘 밤 샌드위치 말인데, 이것으로 충분하겠지? 좀 더 만들어야 하나?
남：1 그걸로 괜찮지 않을까?
　　2 전부 먹어 버렸어.
　　3 모처럼 만들었는데.

정답 1 **문제유형** 즉시응답

어휘 足りる 충분하다 | もっと 좀 더 | せっかく 모처럼

해설 여자가 남자에게 샌드위치가 충분할지 아니면 좀 더 만들어야 할지 의견을 묻고 있다. 여자의 말을 듣고 제일 자연스러운 대답은 1번이다. 참고로 「作らなきゃ(만들지 않으면)」는 「作らなければ」의 축약형이라는 것에 주의하자.

8番 ▶ 41:02

女：この仕事、今日中には終わりそうもないですね。

男：1　ええ、そうしてください。
　　 2　とても簡単そうですね。
　　 3　頑張ってやってみましょう。

8번

여 : 이 일, 오늘 중으로 끝날 것 같지도 않네요.

남 : 1　네, 그렇게 해주세요.
　　 2　매우 간단할 거 같네요.
　　 3　힘내서 해 봅시다.

| 정답 | 3 | 문제유형 즉시응답 |

어휘　今日中 오늘 중 | 終わる 끝나다 | 簡単 간단

해설　여자가 '일이 오늘 중으로 끝날 것 같지도 않네요'라고 말하므로 문맥상 가장 적절한 대답은 여자를 격려하는 3번이다.

9番 ▶ 41:27

女：お送りした書類は、ご覧になっていただけましたか。

男：1　早速お送りしますので。
　　 2　少しいただきました。
　　 3　拝見しました。

9번

여 : 보낸 서류는 보셨습니까?

남 : 1　즉시 보낼 테니깐.
　　 2　조금 받았습니다.
　　 3　봤습니다.

| 정답 | 3 | 문제유형 즉시응답 |

어휘　書類 서류 | ご覧になる 보시다 「見る」의 존경어 | 早速 즉시 | 拝見する 보다 「見る」의 겸양어

해설　보낸 서류를 보았는지 여자가 확인하는 문제이므로, 3번이 가장 적절한 표현이다. 또한 질문에서 서류를 보는 주체는 상대이므로 「ご覧になる (보시다)」의 존경 표현을 사용하였고, 남자의 대답에서 보는 주체는 본인이 되므로 겸양 동사 「拝見する(보다)」를 사용하고 있다.

실전모의테스트 2회

청해 ◎ 107

문제1

문제1에서는 먼저 질문을 들으세요. 그리고 이야기를 듣고 문제지의 1~4 중에서 가장 적당한 것을 하나 고르세요.

1番 ▶ 02:22

洋服売り場で、女の人と店員が話しています。女の人は、どのドレスを着てみることにしましたか。

女：すみません。結婚式に着て行くドレスを見に来たんですが。

男：はい、どのようなデザインのものをお探しですか。

女：まだ何も決めていないんですけど。

男：そうですか。今年は大きなリボンがついた、短めのスカートが流行ですので、こちらはいかがでしょうか。

女：あ、わたし、肩が見えるのはちょっと。袖のあるほうがいいんですけど。

男：そうしますと、こちらになりますね。

女：このデザインは、ちょっと派手すぎないかな。リボンも三つもついてるし。

男：落ち着いた感じのドレスもこちらにございますが、水玉の模様も、花柄も、流行とは関係なく皆さんに人気ですよ。

女：うーん。これはちょっと地味だから、それじゃ、そっちの今年流行のもの、一度着てみてもいいですか。

男：はい、どうぞ。どうぞこちらのほうにお越しください。

女の人は、どのドレスを着てみることにしましたか。

1번

옷 매장에서 여자와 점원이 이야기하고 있습니다. 여자는 어느 드레스를 입어보기로 했습니까?

여：실례합니다. 결혼식에 입고 갈 드레스를 보러 왔는데요.

남：네, 어떤 디자인의 드레스를 찾으십니까?

여：아직 아무것도 정하지 않았는데요.

남：그렇습니까. 올해는 큰 리본이 달린, 약간 짧은 스커트가 유행이니, 이쪽은 어떠십니까.

여：아- 전, 어깨가 보이는 것은 좀. 소매가 있는 쪽이 좋은데요.

남：그렇다면, 이쪽이 되겠군요.

여：이 디자인은 좀 너무 화려하지 않으려나. 리본도 3개나 달려 있고.

남：차분한 느낌의 드레스도 이쪽에 있습니다만, 물방울 모양도 꽃무늬도 유행과는 관계없이 모두에게 인기 있어요.

여：음-. 이것은 좀 수수하니까, 그럼, 그쪽의 올해 유행하는 거, 한번 입어봐도 될까요.

남：네, 그렇게 하세요. 어서 이쪽으로 오십시오.

여자는 어느 드레스를 입어보기로 했습니까?

정답 1 **문제유형** 과제이해

어휘 探す 찾다 | 短め 약간 짤막함 | 肩 어깨 | 袖 소매 | 落ち着く 차분하다, 안정되다 | 水玉 물방울 | 模様 모양 | 花柄 꽃무늬 | 越す 넘기다, (「お越し〜」의 꼴로) 가다, 오다의 높임말

해설 남자가 권하는 올해 유행하는 드레스는 큰 리본의 스커트가 짧은 것이다. 직원이 소개한 첫 번째 드레스는 어깨가 드러나는 것이 마음에 안 든다. 소매 있는 것을 좋아한다. 두 번째는 너무 화려하고 리본이 3개씩이나 달려서 싫다. 세 번째는 유행과 관계없는 물방울 무늬, 꽃무늬의 드레스는 수수해서 마음에 안 든다. 마지막에 여자가 다시 올해 유행하는 것을 입어보겠다고 한다. 결국 여자가 원하는 드레스는 올해 유행하는 것 중 소매가 있고 리본이 많지 않은 것이므로 1번이 정답이다.

2番 ▶ 04:09

電話で、女の学生と男の学生が話しています。男の学生は、このあとまず何をしますか。

女：もしもし、杉山君。レポートもう終わった？

男：まだ書いてる。きのうの夜からずっーと。

女：えー、寝ないで書いてたの？

男：うん。でも、まだ１ページぐらいしか書けなくて。

女：なに、それ。だめだよ、それじゃ。ちょっと休んで気分変えないと。
　　ねえねえ、今日はレポート書くのやめて、食事して映画見ない？

男：まあ、お腹空いてるし、食事はしてもいいけど。

女：じゃ、すぐ行こうよ。私も朝ごはん食べてないから、今９時でしょ。じゃあ１０時に駅前で。

男：うん。でも、このままだと、歩きながらでも寝てしまいそうだから、ちょっと寝てから行くよ。
　　１２時に駅でいいかな。

女：いいよ、それで。映画のほうは、また今度にして、ご飯しっかり食べて、レポート頑張って。じゃ、１２時ね。

男：うん。わかった。

男の学生は、このあとまず何をしますか。

1　レポートを書く
2　食事をする
3　映画を見る
4　寝る

2번

전화로 여학생과 남학생이 말하고 있습니다. 남학생은 이 다음 우선 무엇을 합니까?

여 : 여보세요, 스기야마 군. 리포트 이제 끝났어?

남 : 아직 쓰고 있어. 어제 밤부터 계속.

여 : 에-, 잠도 안 자고 쓰고 있었어?

남 : 응. 하지만 아직 한 페이지 정도밖에 못 써서.

여 : 뭐야, 그거. 안돼. 그러면. 좀 쉬며 기분을 바꾸지 않으면. 있잖아, 오늘은 리포트 쓰는 거 그만두고 식사하고 영화 안 볼래?

남 : 어쨌든 배도 고프고 식사는 해도 되지만.

여 : 그럼 바로 가자. 나도 아침 안 먹었으니까, 지금 9시지. 그럼 10시에 역 앞에서.

남 : 그래. 그런데 이대로는 걸으면서라도 잠들 것 같으니까 좀 자고 갈께. 12시에 역에서 괜찮을까.

여 : 좋아, 그렇게 하자. 영화는 다음에 하고 밥 잘 먹고 리포트 힘내. 그럼 12시야.

남 : 응. 알았어

남학생은 이 다음 우선 무엇을 합니까?

1　레포트를 쓴다.
2　식사를 한다.
3　영화를 본다.
4　잔다.

정답　**4**　　문제유형　**과제이해**

어휘　気分 기분 | 変える 바꾸다, 전환하다 | お腹が空く 배가 고프다 | 今度 이번, 이다음 | しっかり 제대로,착실히,두둑히 | 頑張る 분발하다

해설　남학생이 다음에 할 일을 묻는 문제이다. 밤새 리포트를 쓴 남학생을 걱정해서 여학생이 기분 전환할 겸 식사하고 영화를 보자고 한다. 그러자 남학생은 영화는 좀 힘들지만 식사는 하자고 한다. 하지만 당장 너무 졸려서 좀 자고 12시에 보자고 한다. 따라서 지금부터 남학생이 하는 일은 4번 자는 것이다.

3番 ▶ 05:55

会社で、男の人と女のが話しています。女の人は、資料の整理をいつまでに終わらせなければなりませんか。

男：中川さん、このあいだお願いした資料の整理ですが、明日の午前中に終わらせることになってますよね。

3번

회사에서 남자와 여자가 이야기하고 있습니다. 여자는 자료정리를 언제까지 끝내야 합니까?

남 : 나카가와 씨, 요전에 부탁드린 자료 정리 말입니다만, 내일 오전 중에 끝내게 되어 있지요.

女：はい、今日も頑張ってやってるんですが、まだ
　　だいぶ残ってまして、あさっての午後ぐらいま
　　でかかりそうなんですが。
男：あさってでは困りますね。あした中には終わっ
　　てもらわないと。
女：誰かに手伝ってもらえないでしょうか。
男：そうすれば予定通りに終わりますか。
女：はい、午前中は無理でも午後には終わると思い
　　ます。
男：じゃ、もう一人誰かに手伝わせましょう。
　　その代わり、必ず午後には全部終わらせてくだ
　　さいよ。
女：はい、わかりました。

**女の人は、資料の整理をいつまでに終わらせなけれ
ばなりませんか。**
1　明日の午前中までに
2　明日の午後までに
3　あさっての午前中までに
4　あさっての午後までに

여 : 네, 오늘도 열심히 하고 있습니다만, 아직 꽤 남아 있
　　어서 모레 오후 정도까지 걸릴 것 같은데요.
남 : 모레는 곤란한데요. 내일 중에 끝내주지 않으면.
여 : 누군가에게 도움을 받을 수 없을까요?
남 : 그렇게 하면 예정대로 끝납니까?
여 : 예, 오전 중은 무리라도 오후에는 끝날 겁니다.
남 : 그럼, 한 사람 더 누군가에게 돕게 하죠. 그 대신 반드
　　시 오후에는 전부 끝내주세요.
여 : 예, 알겠습니다.

여자는 자료 정리를 언제까지 끝내야 합니까?

1　내일 오전 중까지
2　내일 오후까지
3　모레 오전 중까지
4　모레 오후까지

2　 과제이해

어휘　資料 자료 | 整理 정리 | たいぶ 꽤, 상당히 | 残る 남다 | 困る 곤란하다 | 手伝う 거들다, 돕다 | ~てもらえないで
しょうか ~해 받을 수 없을까요(~해 줄 수 없을까요) | 代わり 대신 | 必ず 반드시, 꼭

해설　여자가 자료정리를 끝내야 할 시간을 묻는 문제이다. 여자는 열심히 하고 있지만 모레 오후 정도가 되어야 끝날 것
같다고 한다. 그러나 남자는 내일 중에 끝내줄 것을 부탁한다. 여자는 누군가가 도와주면 내일 오후에는 끝낼 수 있
다고 한다. 그래서 남자는 도와줄 사람을 구해줄테니 내일 오후까지 끝내달라고 하고 여자는 알겠다고 대답했으므
로 정답은 2번이다.

4番 ▶ 07:25
**会社で、男の人と女の人が話しています。男の人
は、明日何を持って行かなければなりませんか。**

男：明日のセミナーの資料は、もう準備できてるよ
　　ね。
女：はい。持って行くのは重いので、会場のさくら
　　ホールのほうに送っておきました。
男：ああ、そうだ。パソコン貸してほしいという先
　　生がいらっしゃったから、忘れないで持って来
　　てね。
女：はい、わかりました。パソコンは重くないので
　　いいんですが、明日会場で配ってほしいという
　　パンフレットができてしまいまして。もう今か
　　ら送ることもできないので、ちょっと困ってい
　　るんですが。

4번
회사에서 남자와 여자가 이야기 하고 있습니다. 남자는 내
일 무엇을 가지고 가야 합니까?

남 : 내일 세미나 자료는 이미 준비되어 있지?
여 : 예. 가져가는 것은 무거워서 행사장인 사쿠라홀 쪽에
　　보내두었습니다.
남 : 아, 맞다. 컴퓨터를 빌려줬으면 하는 선생님이 계셨으
　　니, 잊지 말고 가지고 와줘.
여 : 예, 알겠습니다. 컴퓨터는 무겁지 않아서 괜찮습니다
　　만, 내일 행사장에서 나누어주었으면 하는 팸플릿이
　　생겨서, 지금부터 보낼 수도 없어서 좀 난처합니다.

男：じゃ、それは僕の車に積むことにして、ペット
　　ボトルの水とかも会場で配るんでしょ。

女：それは注文してありますので、明日会場に届け
　　てくれることになっています。

男：そう。じゃ、それ持ってきて。今、積んでおき
　　ますから。

女：はい、ありがとうございます。

男の人は、明日何を持っていかなければなりませんか。

1　セミナーの資料
2　パソコン
3　パンフレット
4　ペットボトルの水

남：그럼, 그것은 내 차에 싣기로 하고, 페트병 물 같은 것
　도 행사장에서 나누어주지.

여：그것은 주문해둬서 내일 행사장으로 보내주게 되어
　있습니다.

남：그래. 그럼 그거 가지고 와 줘. 지금 실어 둘 테니까.

여：예, 감사합니다.

남자는 내일 무엇을 가지고 가야 합니까?

1　세미나 자료
2　컴퓨터
3　팸플릿
4　페트병 물

정답　3　**문제유형**　과제이해

어휘　パソコン 컴퓨터 | 貸す 빌려주다 | ~てほしい ~해 주었으면 한다 | いらっしゃる 계시다 | 会場 회장(행사 장소) | 配る 나누어주다 | できる 생기다 | 積む 싣다, 쌓다 | 届ける 보내다, 신고하다

해설　남자가 가져가야 할 물건을 묻는 문제이다. 먼저 등장하는 물건은 세미나 자료인데 이것은 이미 행사장에 보내두었다. 두 번째 물건은 컴퓨터. 남자가 꼭 가져올 것을 부탁한다. 여자도 무겁지 않으니 괜찮다고 말한다. 세 번째로 팸플릿이 생겨서 곤란해한다. 그래서 남자가 팸플릿은 차에 싣기로 한다. 네 번째 페트병 물은 행사장으로 보내주기로 되어 있다. 그래서 남자가 직접 가져가야 할 것은 3번 팸플릿이다.

5番 ▶ 09:00

電話で、女の人と男の人が話しています。女の人
は、このあとまず何をしなければなりませんか。

女：はい、YZ化粧品です。

男：あ、谷口です。あと15分くらいで会社に戻るん
　　だけど、新しい化粧品のサンプル、会社の前ま
　　で持って来てもらえるかな。

女：ええ、いいですけど、どうしたんですか。

男：うん、またすぐそれ持って、別の所に行かなきゃ
　　いけないんだよ。
　　会社の前に車止めるから、玄関のところで待っ
　　ててくれる？

女：ええ、サンプルはどこに置いてあるんですか。

男：僕の机の上にまだひとつあるでしょ？

女：机の上ですね。あ、それ。そういえば、さっき
　　藤田さんがちょっと貸してくれって持っていき
　　ましたけど。

男：じゃ、早く返してもらって来て。それから、カ
　　タログはまだあるんだけど、うちの会社の紙袋が
　　なくなっちゃったんで、紙袋に入れて持ってき
　　てね。

5번

전화로 여자와 남자가 이야기하고 있습니다. 여자는 이 다
음 먼저 무엇을 해야 합니까?

여：예, YZ화장품입니다.

남：아-, 다니구치입니다. 앞으로 15분 정도면 회사에 돌
　아가는데 새 화장품 샘플, 회사 앞까지 갖다 줄 수 있
　을까?

여：예, 괜찮은데, 무슨 일이세요?

남：음, 또 바로 그걸 가지고 다른 곳으로 가야 돼. 회사
　앞에 차 세울 테니까 현관에서 기다리고 있어줄래?

여：예, 샘플은 어디에 두셨어요?

남：내 책상 위에 아직 하나 있지?

여：책상 위 말이죠. 아, 그거. 그러고 보니 조금 전에 후
　지타 씨가 잠깐 빌려달라고 하고 가져갔는데요.

남：그럼, 빨리 돌려받아 와 줘. 그리고 카탈로그는 아직
　있는데, 우리 회사 종이백이 다 떨어져서 그러니까,
　종이백에 넣어 가져와 줘.

女：はい、わかりました。

女の人は、このあとまず何をしなければなりませんか。
1 サンプルを会社の玄関に持って行く
2 藤田さんにサンプルを返してもらう
3 サンプルを藤田さんから借りる
4 サンプルとカタログをショッピングバックに入れる

여 : 예, 알겠습니다.

여자는 이다음 먼저 무엇을 해야 합니까?

1 샘플을 회사 현관에 가지고 간다
2 후지타 씨에게 샘플을 돌려 받는다
3 샘플을 후지타 씨에게 빌린다
4 샘플과 카탈로그를 쇼핑백에 넣는다

정답 2 **문제유형** 과제이해

어휘 化粧品 화장품 | 戻る 되돌아오(가)다 | 行かなきゃいけない 가지 않으면 안된다(行かなければいけない의 축약형) | 止める 세우다 | 玄関 현관 | そういえば 그러고보니 | 返す 돌리다, 되돌리다 | なくなっちゃったんで 없어져 버려서, 다떨어져서(なくなってしまったので의 축약형)

해설 먼저 여자가 해야할 일을 찾는 문제이다. 남자가 화장품 샘플을 회사 현관으로 갖다 달라고 부탁한다. 하지만 샘플은 후지타 씨가 빌려간 상태이다. 남자는 먼저 샘플을 후지타 씨로부터 다시 받아올 것을 부탁한다. 아울러 쇼핑백에 넣어 오라는 부탁도 있지만 먼저 해야 될 일은 선택지 2번 후지타 씨에게 샘플을 돌려받는 일이다.

6番 ▶ 10:40
留守番電話のメッセージです。このメッセージを聞いた人は、このあとどうしますか。

女：もしもし、山崎です。札幌では本当にお世話になりました。お借りした本は、ホテルのフロントに預けておいたのですが、スキーに行く時借りた手袋がそのままスーツケースの中に入っていました。すぐに郵便でお送りするようにいたします。本当にすみません。それから、フロントには気持ばかりのお礼の品物も預けておきました。お荷物になりますが、どうぞお持ち帰りください。今日はお出かけのようですので、明日またお電話いたします。では。

このメッセージを聞いた人は、このあとどうしますか。
1 ホテルのフロントに本を預ける
2 手袋とスーツケースを郵便で送る
3 ホテルに行ってお礼の荷物を持って帰る
4 ホテルに行って本とお礼の品物を受け取る

6번
자동응답전화 메시지입니다.이 메시지를 들은 사람은 이다음 어떻게 합니까?

여 : 여보세요, 야마자키입니다. 삿포로에서는 정말 신세졌습니다. 빌린 책은 호텔 프론트에 맡겨두었습니다만 스키를 타러 갈 때 빌린 장갑이 그대로 가방 안에 들어있었습니다. 바로 우편으로 보내드리도록 하겠습니다. 정말 죄송합니다. 그리고 프론트에는 마음뿐인 감사의 선물도 맡겨 두었습니다. 짐이 되겠습니다만, 아무쪼록 가져가주세요. 오늘은 외출하신 것 같으니, 내일 또 전화드리겠습니다. 그럼.

이 메시지를 들은 사람은 이 다음 어떻게 합니까?

1 호텔 프론트에 책을 맡긴다
2 장갑과 여행 가방을 우편으로 보낸다
3 호텔에 가서 감사의 물건을 가지고 간다
4 호텔에 가서 책과 감사의 선물을 받는다

정답 4 **문제유형** 과제이해

어휘 お世話になる 신세를 지다 | 借りる 빌리다 | 預ける 맡기다 | お礼 답례, 감사 | 品物 물건 | 荷物 짐, 화물

해설 이 메시지의 요점은 빌린 책을 호텔 프론트에 맡긴 것과 장갑을 돌려주지 못하고 온 것, 그리고 호텔 프론트에 고마움의 선물을 맡긴 것이다. 장갑은 우편으로 보내겠다고 했으니 기다리면 되고 우선 호텔 프론트에서 책과 선물을 찾아야 된다. 정답은 4번이다.

문제2

문제 2에서는 먼저 질문을 들으세요. 그 후 문제지의 선택지를 읽으세요. 읽을 시간이 있습니다. 그리고 이야기를 듣고 문제지의 1~4중에서 가장 적당한 것을 하나 고르세요.

1番 ▶ 14:11

学校で男の学生と女の学生が話しています。男の学生はどうして先生に注意されたと言っていますか。

男：昨日、授業のあと先生に呼ばれて注意されちゃった。

女：えっ？どうして？最近遅刻多かったから？

男：だと思ったんだけど、授業中におしゃべりするな、うるさいって。

女：そうなんだ。まあ、気をつけないとね。最近アルバイトで疲れてるみたいでよく居眠りしてるけど、それは注意されなかったの？

男：うん。それは大丈夫だった。

女：まあ、居眠りは他の人に迷惑はかけないけど。でも、ケータイでゲームするのも、やめたほうがいいと思うよ。
そのうち先生に注意されるよ。

男：うん、これからは気をつけるよ。

男の学生は、どうして先生に注意されたと言っていますか。
1 最近遅刻が多かったから
2 授業中におしゃべりをしていたから
3 授業中に居眠りをしていたから
4 授業中に携帯電話でゲームをしていたから

1번

학교에서 남학생과 여학생이 이야기하고 있습니다. 남학생은 왜 선생님한테 주의받았다고 말하고 있습니까?

남 : 어제, 수업 후에 선생님에게 불려가서 주의 받았어.

여 : 뭐라고? 어째서? 요즘 지각이 많았으니까?

남 : 그렇다고 생각했는데 수업 중 잡담하지마. 시끄럽다고.

여 : 그렇구나. 뭐, 조심해야겠는데. 요즘 아르바이트로 피곤한 것 같아 자주 졸던데 그건 주의 안 받았어?

남 : 응. 그건 괜찮았어.

여 : 음, 조는 것은 남에게 폐는 끼치지 않지만. 하지만 휴대폰으로 게임하는 것도 그만두는 게 좋을 거야.
조만간 선생님한테 주의 들어.

남 : 응, 앞으로는 조심할게.

남학생은 왜 선생님한테 주의 받았다고 말하고 있습니까?
1 최근 지각이 많았기 때문에
2 수업 중에 잡담을 했기 때문에
3 수업 중에 졸았기 때문에
4 수업 중에 휴대폰으로 게임을 했기 때문에

정답 2 **문제유형** 포인트이해

어휘 遅刻 지각 | 疲れる 피곤하다, 지치다 | 居眠りする 졸다 | 迷惑をかける 폐를 끼치다 | ケータイ 휴대폰

해설 남학생이 주의를 받은 이유를 찾는 문제이다. 선생님이 남학생에게 '잡담하지마, 시끄러워'라고 말했기 때문에 이 부분을 알아들었으면 쉽게 풀 수 있는 문제이다. 그 밖에도 여학생으로부터 지각하는 것, 수업시간에 조는 것, 휴대폰 게임을 하는 것도 주의하라고 지적 받았지만 선생님에게 주의를 받은 것은 아니므로 정답은 2번이다.

2番 ▶ 15:54

<ruby>会社<rt>かいしゃ</rt></ruby>で、<ruby>女<rt>おんな</rt></ruby>の<ruby>人<rt>ひと</rt></ruby>と<ruby>男<rt>おとこ</rt></ruby>の<ruby>人<rt>ひと</rt></ruby>が<ruby>話<rt>はな</rt></ruby>しています。<ruby>男<rt>おとこ</rt></ruby>の<ruby>人<rt>ひと</rt></ruby>は、どうしてまだ<ruby>帰<rt>かえ</rt></ruby>らないで<ruby>会社<rt>かいしゃ</rt></ruby>にいるのですか。

女 : あら、<ruby>残業<rt>ざんぎょう</rt></ruby>ですか、<ruby>山田<rt>やまだ</rt></ruby>さん。
男 : あ、8<ruby>時半<rt>じはん</rt></ruby>に<ruby>会社<rt>かいしゃ</rt></ruby>の<ruby>近<rt>ちか</rt></ruby>くで<ruby>友達<rt>ともだち</rt></ruby>と<ruby>会<rt>あ</rt></ruby>う<ruby>約束<rt>やくそく</rt></ruby>があって、それで、<ruby>時間<rt>じかん</rt></ruby>を<ruby>合<rt>あ</rt></ruby>わせようと<ruby>思<rt>おも</rt></ruby>って。
女 : そうですか。<ruby>明日<rt>あした</rt></ruby>の<ruby>会議<rt>かいぎ</rt></ruby>の<ruby>準備<rt>じゅんび</rt></ruby>で<ruby>遅<rt>おそ</rt></ruby>くなってるのかと<ruby>思<rt>おも</rt></ruby>いました。
男 : <ruby>鈴木<rt>すずき</rt></ruby>さんは、まだ<ruby>帰<rt>かえ</rt></ruby>らないんですか。
女 : <ruby>早<rt>はや</rt></ruby>く<ruby>作<rt>つく</rt></ruby>らなきゃいけない<ruby>書類<rt>しょるい</rt></ruby>があるんですが、お<ruby>腹<rt>なか</rt></ruby>も<ruby>減<rt>へ</rt></ruby>ってきたし、<ruby>資料<rt>しりょう</rt></ruby>のコピーだけ<ruby>取<rt>と</rt></ruby>ったら<ruby>帰<rt>かえ</rt></ruby>ろうと<ruby>思<rt>おも</rt></ruby>っています。
男 : <ruby>資料<rt>しりょう</rt></ruby>のコピーは、<ruby>僕<rt>ぼく</rt></ruby>がやっておきましょうか。
女 : ああ、コピーを<ruby>取<rt>と</rt></ruby>るのはそんなに<ruby>多<rt>おお</rt></ruby>くありませんから<ruby>大丈夫<rt>だいじょうぶ</rt></ruby>です。どうもありがとう。

<ruby>男<rt>おとこ</rt></ruby>の<ruby>人<rt>ひと</rt></ruby>は、どうしてまだ<ruby>帰<rt>かえ</rt></ruby>らないで<ruby>会社<rt>かいしゃ</rt></ruby>にいるのですか。
1 <ruby>友達<rt>ともだち</rt></ruby>と<ruby>約束<rt>やくそく</rt></ruby>した<ruby>時間<rt>じかん</rt></ruby>に<ruby>合<rt>あ</rt></ruby>わせるため
2 <ruby>明日<rt>あした</rt></ruby>の<ruby>会議<rt>かいぎ</rt></ruby>の<ruby>準備<rt>じゅんび</rt></ruby>をするため
3 <ruby>書類<rt>しょるい</rt></ruby>を<ruby>作<rt>つく</rt></ruby>るため
4 <ruby>資料<rt>しりょう</rt></ruby>のコピーを<ruby>取<rt>と</rt></ruby>るため

2번

회사에서 여자와 남자가 이야기하고 있습니다. 남자는 어째서 아직 퇴근하지 않고 회사에 있습니까?

여 : 어머, 야근입니까, 야마다 씨.
남 : 아, 8시 반에 회사 근처에서 친구와 만날 약속이 있어서, 그래서 시간을 맞추려고요.
여 : 그래요? 내일 회의 준비로 늦어지는 건가 했어요.
남 : 스즈키 씨는 아직 퇴근하지 않습니까?
여 : 빨리 만들어야 할 서류가 있는데요, 배도 고파졌고 자료 복사만하면 퇴근하려고 생각하고 있습니다.
남 : 자료 복사는 제가 해둘까요?
여 : 아- 복사하는 것은 그렇게 많지 않으니까 괜찮습니다. 정말 감사합니다.

남자는 왜 아직 퇴근하지 않고 회사에 있습니까?

1 친구와 약속한 시간에 맞추기 위해서
2 내일 회의 준비를 하기 위해
3 서류를 만들기 위해
4 자료 복사를 하기 위해

정답 1 **문제유형** 포인트이해

어휘 <ruby>残業<rt>ざんぎょう</rt></ruby> 잔업, 야근 ǀ <ruby>合<rt>あ</rt></ruby>わせる 맞추다 ǀ お<ruby>腹<rt>なか</rt></ruby>が<ruby>減<rt>へ</rt></ruby>る 배고프다 ǀ コピーを<ruby>取<rt>と</rt></ruby>る 복사하다

해설 남자가 퇴근하지 않은 이유를 찾는 문제이다. 남자가 처음에 친구와 만날 약속이 있고 그 시간을 맞추려고 회사에 있다고 말했다. 여자는 남자가 늦게가는 이유가 회의 준비 때문인가하고 생각했지만 그렇지는 않았다. 또한, 서류 준비와 복사로 늦는다고 말하는 것은 여자이므로 정답이 아니다. 따라서 정답은 1번이다.

3番 ▶ 17:29

<ruby>学校<rt>がっこう</rt></ruby>で、<ruby>男<rt>おとこ</rt></ruby>の<ruby>学生<rt>がくせい</rt></ruby>と<ruby>女<rt>おんな</rt></ruby>の<ruby>学生<rt>がくせい</rt></ruby>が<ruby>話<rt>はな</rt></ruby>しています。<ruby>女<rt>おんな</rt></ruby>の<ruby>学生<rt>がくせい</rt></ruby>は、どうして<ruby>髪<rt>かみ</rt></ruby>を<ruby>短<rt>みじか</rt></ruby>く<ruby>切<rt>き</rt></ruby>りましたか。

男：あれ？<ruby>髪<rt>かみ</rt></ruby><ruby>切<rt>き</rt></ruby>ったの？<ruby>何<rt>なに</rt></ruby>かあったんだ、<ruby>気分<rt>きぶん</rt></ruby>変えたいことが。

女：ううん、<ruby>全然<rt>ぜんぜん</rt></ruby>。<ruby>何<rt>なに</rt></ruby>もないよ。

男：なんだ。じゃ、<ruby>暑<rt>あつ</rt></ruby>いから、それで？<ruby>今年<rt>ことし</rt></ruby>の<ruby>夏<rt>なつ</rt></ruby>はほんとうに<ruby>暑<rt>あつ</rt></ruby>いよなあ。

女：まあ、<ruby>短<rt>みじか</rt></ruby>くして<ruby>涼<rt>すず</rt></ruby>しくなったから、それはありがたいんだけど。どう？ちょっと<ruby>短<rt>みじか</rt></ruby>かすぎない？

男：そんなことないよ、<ruby>似合<rt>にあ</rt></ruby>ってるよ。

女：そう？よかった。ヘアーデザインの<ruby>勉強<rt>べんきょう</rt></ruby>してる<ruby>友達<rt>ともだち</rt></ruby>に<ruby>頼<rt>たの</rt></ruby>まれたのよ。カットモデルになってくれって。

男：そうだったんだ。それで、ちょっと<ruby>変<rt>か</rt></ruby>わった<ruby>髪型<rt>かみがた</rt></ruby>になってるんだ。

女：やっぱり<ruby>変<rt>へん</rt></ruby>かな。

男：いや、イメージがすっかり<ruby>変<rt>か</rt></ruby>わったし、いいと<ruby>思<rt>おも</rt></ruby>うよ、<ruby>僕<rt>ぼく</rt></ruby>は。

<ruby>女<rt>おんな</rt></ruby>の<ruby>学生<rt>がくせい</rt></ruby>は、どうして<ruby>髪<rt>かみ</rt></ruby>を<ruby>短<rt>みじか</rt></ruby>く<ruby>切<rt>き</rt></ruby>りましたか。
1 <ruby>気分<rt>きぶん</rt></ruby>を<ruby>変<rt>か</rt></ruby>えたかったから
2 <ruby>今年<rt>ことし</rt></ruby>の<ruby>夏<rt>なつ</rt></ruby>はとても<ruby>暑<rt>あつ</rt></ruby>いから
3 <ruby>友達<rt>ともだち</rt></ruby>のカットのモデルになったから
4 イメージを<ruby>変<rt>か</rt></ruby>えたかったから

3번

학교에서 남학생과 여학생이 이야기하고 있습니다. 여학생은 왜 머리를 짧게 잘랐습니까?

남 : 어? 머리 잘랐어? 무슨 일 있었구나, 기분 전환하고 싶은 일이.

여 : 아니, 전혀. 아무 일 없어.

남 : 뭐야. 그럼, 더우니까, 그래서? 올 여름은 정말 덥네.

여 : 뭐, 짧게 해서 시원해졌으니까, 그건 다행이지만. 어때? 좀 너무 짧지 않아?

남 : 그렇지 않아, 어울려.

여 : 그래? 다행이다. 헤어 디자인 공부하는 친구한테 부탁 받았어. 커트 모델이 되어달라고.

남 : 그랬구나. 그래서 색다른 헤어스타일이 되었구나.

여 : 역시 이상한가.

남 : 아니, 이미지가 완전히 바뀌었고, 좋은 것 같아, 나는.

여학생은 왜 머리를 짧게 잘랐습니까?
1 기분을 바꾸고 싶었기 때문에
2 올 여름은 매우 더우니까
3 친구의 커트모델이 되었기 때문에
4 이미지를 바꾸고 싶었기 때문에

정답 3 **문제유형** 포인트이해

어휘 <ruby>髪<rt>かみ</rt></ruby> 머리(카락) | <ruby>気分<rt>きぶん</rt></ruby> 기분 | <ruby>涼<rt>すず</rt></ruby>しい 시원하다 | ありがたい 감사하다, 다행이다 | <ruby>似合<rt>にあ</rt></ruby>う 어울리다 | <ruby>変<rt>か</rt></ruby>わる 바뀌다, 색다르다 | <ruby>頼<rt>たの</rt></ruby>む 부탁하다 | すっかり 완전히

해설 여학생이 머리를 자른 이유를 찾는 문제다. 처음에 남자가 추측해서 기분전환하고 싶은 일이 있다던가 더워서 라든가 여러 가지 말해 보지만, 여자가 "헤어 디자인 공부하는 친구한테 부탁 받았어. 커트 모델이 되어달라고."라고 말한다. 따라서 정답은 3번이다.

4番 ▶ 19:18

だいがく大学で、男の学生と女の学生が話しています。女の学生は、食事会の店を和食の店に変えた一番の理由は何だと言っていますか。

男：研究会のあとの食事会、和食の店に変わったんだって？

女：うん。食事会に参加する人の中に、お肉が食べられない人が二人もいるのよ。

男：それで焼肉から和食になったの。あそこの焼肉屋さん、肉のほかにもメニューが色々あるけど。

女：お肉を焼くにおいもダメなんですって。ま、それもそうなんだけど、今度の食事会は参加者が多くなって、20人以上になるのよ。

男：そっか。あそこはそんなに入る大きい部屋がないか…。

女：うん。和食のほうが値段が高くなってしまうから、参加費も少し高くしないといけないんだけどね。
私も安くておいしいから、焼肉の店のほうがよかったんだけど。

男：ま、しょうがないね。

女の学生は、食事会の店を和食の店に変えた一番の理由は何だと言っていますか。
1　参加者の中に、肉が食べられない人がいるから
2　肉以外のメニューもたくさんあるから
3　参会者の人数が多いから
4　参加費を安くすることができるから

4번

대학에서 남학생과 여학생이 이야기 하고 있습니다. 여학생은 회식할 가게를 일식가게로 바꾼 첫 번째 이유는 뭐라고 말하고 있습니까?

남 : 연구회 다음 회식, 일식점으로 바뀌었다며?

여 : 응. 회식에 참가하는 사람 중에 고기를 먹지 못하는 사람이 두 사람이나 있어.

남 : 그래서 불고기에서 일식이 된 거야? 거기 불고기 집, 고기 외에도 메뉴가 여러 가지 있는데.

여 : 고기 굽는 냄새도 안 된대. 뭐, 그것도 그렇지만 이번 회식은 참가자가 많아져서 20명 이상 돼.

남 : 그런가. 거기는 그렇게 들어가는 큰 방이 없나….

여 : 응. 일식 쪽이 가격이 비싸지니까, 참가비도 조금 비싸게 하지 않으면 안 되는데.
나도 싸고 맛있어서 불고기 쪽이 좋았는데.

남 : 뭐, 어쩔 수 없네.

여학생은 회식할 가게를 일식점으로 바꾼 첫 번째 이유는 무엇이라고 말하고 있습니까?
1　참가자 중에 고기를 먹지 못하는 사람이 있어서
2　고기 이외의 메뉴도 많이 있어서
3　참가자 인원수가 많아서
4　참가비를 싸게 할 수 있어서

정답　3　**문제유형**　포인트이해

어휘　食事会 회식, 식사 모임 | 和食 일식 | 焼き肉 고기구이, 숯불구이 | 参加費 참가비 | しょうがない 어쩔수 없다

해설　식사 모임 장소를 바꾼 첫 번째 이유를 찾는 문제이다. 여학생은 처음에 '고기를 먹지 못하는 사람이 두 사람이나 있어'라는 이유를 든다. 하지만 다시 여학생은 '그것도 그렇지만' 이라고 말하며 더 큰 이유를 말하는데 '참가자가 많아져서 20명 이상 돼'라며 참가 인원수가 가장 큰 이유임을 말한다. 따라서 정답은 3번이 된다.

5番 ▶ 21:14

ラジオで、男の人が話しています。男の人の会社では、どんな社員が一番必要だと言っていますか。

男　最近、うちの会社でも外国人の社員が増えてきました。みんな真面目でよく働いてくれるのでとてもうれしく思っています。中にはびっくりするくらい日本語が上手な人もいます。でも、よく見ていると、日本語はまだ下手なのに、日本人の社員とすぐに仲良くなる人がいます。私達に一番必要なのは、こういう社員です。反対に英語は上手なのに、なかなか外国人と親しくなれない日本人社員がいますが、これはよくありません。人といい関係を作ることがビジネスのスタートだと私達は考えるからです。

男の人の会社では、どんな社員が一番必要だと言っていますか。
1　真面目でよく働く外国人社員
2　日本語が上手な外国人社員
3　日本語があまり上手ではない外国人社員
4　外国人でも日本人でも、人といい関係を作れる社員

5번

라디오에서 남자가 이야기하고 있습니다. 남자의 회사에서는 어떤 사원이 가장 필요하다고 말하고 있습니까?

남　최근 우리 회사에도 외국인 사원이 늘어나게 되었습니다. 모두 성실하고 열심히 일해줘서 아주 기쁘게 생각하고 있습니다. 그 중에는 놀랄 정도로 일본어를 잘하는 사람도 있습니다. 하지만 잘 보면, 일본어는 아직 서툰데 일본인 사원과 금방 친해지는 사람이 있습니다. 우리들에게 가장 필요한 것은, 이런 사원입니다. 반대로 영어를 잘하는데, 좀처럼 외국인과 친해지지 못하는 일본인 사원이 있는데, 이것은 좋지 않습니다. 사람과 좋은 관계를 만드는 것이 비즈니스의 시작이라고 우리들은 생각하기 때문입니다.

남자의 회사에서는 어떤 사원이 가장 필요하다고 말하고 있습니까?
1　성실하고 일을 잘하는 사원
2　일본어를 잘하는 외국인 사원
3　일본어를 잘 못하는 외국인 사원
4　외국인과도 일본인과도 사람과 좋은 관계를 만들 수 있는 사원

정답　4　**문제유형**　포인트이해

어휘　社員 사원 ┃ 増える 늘다, 증가하다 ┃ 真面目だ 성실하다 ┃ 働く 일하다 ┃ びっくりする 놀라다 ┃ 仲良く 사이좋게 ┃ 反対に 반대로 ┃ 親しい 친하다

해설　제시된 문제가 '어떤 사원이 가장 필요하다고 말하고 있습니까?'이므로 남자가 가장 강조하는 부분을 찾으면 된다. 남자는 중간쯤 '일본어는 아직 서툰데 일본인 사원과 금방 친해지는 사람이 있습니다' 바로 이어서 '우리들이 가장 필요한 것은 이러한 사원입니다'라고 강조하고 있다. 그리고 '영어는 잘하는데 좀처럼 외국인과 친해지지 못하는 일본인 사원'이 있는데 이것은 좋지 않은 예로서 제시한다. 결국에는 '사람과 좋은 관계를 만드는 것이 비즈니스의 시작'이라고 다시 강조하므로 정답은 좋은 관계를 만들 수 있는 사원, 즉 4번이다.

6番 ▶ 22:58

大学で、女の学生と男の学生が話しています。二人は、いつ会うことにしましたか。

女：ねえ、金曜日のパーティーのことなんだけど。
男：うん、何？

6번

대학에서 여학생과 남학생이 이야기하고 있습니다. 두 사람은 언제 만나기로 했습니까?

여：있잖아, 금요일 파티 말인데.
남：응, 뭐?

女：パーティーで使う、紙のお皿とか飲み物とか、今日もう早目に買っておきたいんだけど、一緒に来てくれない？杉山君、車持ってるでしょ、荷物運んでほしいのよ。

男：いいけど、今日はだめだよ、火曜日でバイトあるし。バイトは夜12時までだから買い物は無理だよ。
明日の水曜なら行けるけど。火曜と木曜はダメ。

女：明日は私がバイトでダメなのよ。困ったなあ。今日もダメ、明日もダメかあ。

男：バイトって何時までなの？

女：夜9時半まで。

男：じゃ、いいじゃん。明日行こうよ。カモンスーパーなら12時までやってるから、急いで行けば間に合うよ。
10時にスーパーの前で、どう？

女：10時はちょっと無理だから、30分あとにして。

男：うん。いいよ、それで。

女：じゃ、明日。カモンスーパーの前で。

二人は、いつ会うことにしましたか。
1　火曜日の10時
2　火曜日の10時半
3　水曜日の10時
4　水曜日の10時半

여 : 파티에 사용할 종이컵이라든가 음료수 같은 거, 오늘 일찌감치 사놓고 싶은데, 같이 따라와 주지 않을래? 스기야마 군 차 갖고 있지, 짐을 운반해 주었으면 하는데.

남 : 괜찮은데, 오늘은 안 돼, 화요일이어서 아르바이트가 있고, 아르바이트는 밤 12시까지니까 쇼핑은 무리야. 내일 수요일이라면 갈 수 있지만. 화요일하고 목요일은 안 돼.

여 : 내일은 내가 아르바이트라서 안 돼. 곤란한데. 오늘도 안 되고 내일도 안 되나.

남 : 아르바이트 몇 시 까지야?

여 : 밤 9시 반까지.

남 : 그럼 되잖아. 내일 가자. 카몬슈퍼라면 12시까지 하니까 서두르면 늦지 않을거야.
10시에 슈퍼 앞에서 어때?

여 : 10시는 좀 무리니까 30분 뒤로 해줘.

남 : 응. 좋아, 그걸로.

여 : 그럼, 내일 카몬슈퍼 앞에서.

두 사람은 언제 만나기로 했습니까?
1　화요일 10시
2　화요일 10시 반
3　수요일 10시
4　수요일 10시 반

정답　4　**문제유형**　포인트이해

어휘　お皿 접시 ｜ 早めに 빨리, 일찌감치 ｜ 運ぶ 나르다, 운반하다 ｜ 急ぐ 서두르다 ｜ 間に合う 시간에 대다, 늦지 않다

해설　파티 준비를 위해 두 사람이 만나기로 한 요일과 시간을 맞추는 문제이다. 먼저 남자가 오늘은 화요일이라 12시까지 아르바이트가 있어 안 되지만 수요일인 내일은 가능하다고 한다. 그러나 여자의 아르바이트가 수요일이기 때문에 수요일은 여자 쪽이 곤란하다. 수요일 여자의 아르바이트가 밤 9시 반에 끝나는 것을 알고 남자가 슈퍼는 12시까지 하니까 10시에 만나서 가자고 제안한다. 여기에 여자는 '10시는 좀 무리니까 30분 뒤로 해줘' 라고 부탁하고 남자도 좋다고 했으므로 정답은 4번이다.

문제3

문제 3에서는 문제지에 아무 것도 인쇄되어 있지 않습니다. 이 문제는, 전체로써 어떤 내용인지를 묻는 문제입니다. 이야기 앞에 문제는 없습니다. 먼저, 이야기를 들어주세요. 그 다음, 질문과 선택지를 듣고 1~4 중에서, 가장 적당한 것을 하나 고르세요.

1番 ▶ 27:58

ラジオでアナウンサーが話しています。

男：このあいだ、あるビール会社が大学生１００人にお酒をどのくらい飲んでいるかアンケートをしたそうなんですが、「一週間に２回以上飲む」が２５人しかいなくて、「一度も飲まない」は４０人もいたそうです。昔の学生は友達と会えば、お酒を飲むのが当り前でしたが、今の学生は友達と食事に行っても、お酒じゃなくてウーロン茶やジュースを飲む人が多いようです。昔に比べたら、今の学生はお金を持っていると思うんですが、お金はいったいどこに使っているんでしょうね。

アナウンサーが伝えたいことは何ですか。
1 昔の学生はビールを毎日飲む人が多かった
2 昔の学生はウーロン茶を飲まなかった
3 今の学生はお金を使わなくなった
4 今の学生はお酒を飲まない人が多くなった

1번

라디오에서 아나운서가 이야기하고 있습니다.

남 : 얼마 전, 어느 맥주 회사가 대학생 100명에게 술을 어느 정도 마시고 있는지 앙케트조사를 했다고 합니다만, 「일주일에 2회 이상 마신다」가 25명밖에 없고, 「한 번도 마시지 않는다」는 40명이나 있었다고 합니다. 옛날 학생은 친구와 만나면 술을 마시는 것이 당연했습니다만, 지금 학생은 친구와 식사하러 가도, 술이 아니고 우롱차나 쥬스를 마시는 사람이 많은 것 같습니다. 옛날에 비하면, 지금의 학생은 돈을 가지고 있다고 생각합니다만 돈은 도대체 어디에 쓰고 있는 걸까요.

아나운서가 전하고 싶은 것은 무엇 입니까?
1 옛날 학생은 맥주를 매일 마시는 사람이 많았다
2 옛날 학생은 우롱차를 마시지 않았다
3 지금 학생은 돈을 쓰지 않게 되었다
4 지금 학생은 술을 마시지 않는 사람이 많아졌다

정답 4 **문제유형** 개요이해

어휘 当たり前 당연함 | ウーロン茶 우롱차

해설 맥주 회사가 실시한 앙케트 조사 결과를 말하고 있다. 조사 결과는 '100명 중 40명이나 일주일에 한 번도 술을 마시지 않는다'고 나타났다. '옛날에는 친구를 만나면 술 마시는 것은 당연했지만, 요즘은 우롱차, 주스를 마신다'는 앙케트 결과를 전하고 싶은 것이다. 따라서 정답은 4번이다. 옛날에 비해 부유해진 학생들이 '돈은 도대체 어디에 쓰고 있는 걸까요'라고 궁금해하지만 이것을 전하고 싶은 것은 아니다.

2番 ▶ 29:37

ラジオで女の人が話しています。

女：皆さんは「会話のたちつてと」をご存知ですか。これは会話の時に役に立つ話題のことで、食べ物の「た」、地域の「ち」、ツアーの「つ」、天気の「て」、トレンドの「と」を集めたものです。日本人は、よく知らない人たちと話をするのが下手だと言われていますが、この「たちつてと」を使えば、初めて会った人ともスムーズな会話を楽しむことができそうですね。でも、自分が話すだけでは、会話になりません。「たちつてと」の話題は、相手も話しやすいものを選ぶようにしてくださいね。

女の人は、何について話していますか。
1 日本語の「たちつてと」の発音
2 スムーズな会話に役に立つ話題
3 日本人が会話が下手な原因
4 日本人が好きな会話の相手

2번

라디오에서 여자가 이야기하고 있습니다.

여 : 여러분은 「대화의 たちつてと」를 알고 계십니까. 이것은 대화할 때 도움이 되는 화제를 말하는 것으로 食べ物(타베모노,음식)의 「た」, 地域(치이키, 지역)의 「ち」, 츠아-, 여행)의 「つ」, 天気(텡키, 날씨)의 「て」, 트렌드(토렌도, 트렌드)의 「と」를 모아 놓은 것입니다. 일본인은 잘 모르는 사람들과 이야기하는 것이 서툴다고 말합니다만, 이 「たちつてと」를 사용하면, 처음 만난 사람과도 원활한 대화를 즐길 수 있을 것 같군요. 하지만 자신이 말하기만 해서는 대화가 되지 않습니다. 「たちつてと」의 화제는,상대도 말하기 쉬운 것을 고르도록 해주세요.

여자는 무엇에 대해 이야기하고 있습니까?
1 일본어의 「たちつてと」의 발음
2 원활한 대화에 도움이 되는 화제
3 일본인이 대화가 서툰 원인
4 일본인이 좋아하는 대화 상대

정답 2 **문제유형** 개요이해

어휘 ご存じだ 아신다, (알다의 존경어) | 役に立つ 도움이 되다 | 話題 화제 | 集める 모으다 | 楽しむ 즐기다 | 選ぶ 고르다, 선택하다

해설 「たちつてと」를 설명하면서 '대화 때 도움이 되는 화제를 말하는 것'이라고 설명한다. 「たちつてと」를 사용하면 '처음 만난 사람과도 원활한 대화를 할 수 있을 것 같다'고 말한다. 선택지 중에서는 2번이 정답이다. 다른 선택지는 정답과 거리가 멀다.

3番 ▶ 31:18

携帯電話で男の人と女の人が話しています。

男：もしもし、高橋です。

女：あ、高橋先輩、どうしたんですか。みんなもう集まってますよ。

男：うん、実は電車が止まってしまって。どっかで事故があったようなんだよ。それでバスに乗り換えて、今そっちに向かってるところなんだけど。

女：そうだったんですか。じゃ研究会、先に始めていいですか。

男：うん。だいぶ遅れそうだから、よろしく頼むね。あ、それで、研究会の場所なんだけど、きのう書いてもらった地図忘れてきてしまって。道に迷うとまたもっと遅れちゃいそうだし、駅まで来てもらえるかな。

女：あ、わかりました。雨も降ってきたし、じゃ迎えに行きますね。

男：うん、悪いけど。今日は荷物も多いし、そうしてもらえると、ホントありがたいね。

女：はい。では、お気をつけて。駅に着いたらお電話ください。

男の人が一番言いたいことは何ですか。
1 研究会を先に始めてほしい
2 研究会の場所を教えてほしい
3 駅まで迎えに来てほしい
4 駅に着いたら電話をしてほしい

3번

휴대폰으로 남자와 여자가 이야기하고 있습니다.

남 : 여보세요, 다카하시입니다.

여 : 아, 다카하시 선배, 무슨 일이세요? 벌써 모두 다 모였어요.

남 : 음, 실은 전철이 멈춰버려서. 어딘가에서 사고가 있었던 모양이야. 그래서 버스로 갈아타고 지금 그쪽으로 가는 있는 중인데.

여 : 그랬습니까. 그럼 연구회, 먼저 시작해도 되겠습니까?

남 : 응, 꽤 늦을 것 같으니까, 잘 부탁해. 아, 그런데 연구회 장소 말인데, 어제 적어준 약도 잊어버리고 와서, 길 에서 헤매면 또 더 늦어질 것 같고, 역까지 와 줄수 있을까?

여 : 아, 알겠습니다. 비도 오기 시작했고, 그럼 마중하러 가겠습니다.

남 : 응, 미안하지만. 오늘은 짐도 많고, 그렇게 해주면, 정말 고맙겠어.

여 : 예. 그럼, 조심하세요. 역에 도착하면 전화주세요.

남자가 가장 말하고 싶은 것은 무엇입니까?
1 연구회를 먼저 시작해주었으면 한다
2 연구회 장소를 가르쳐 주었으면 한다
3 역까지 마중 나와 주었으면 한다
4 역에 도착하면 전화해 주었으면 한다

정답 3 **문제유형** 개요이해

어휘 集まる 모이다 | どっか 어딘가(どこかの 줄임말) | 向かう 향하다 | 始める 시작하다 | だいぶ 꽤, 상당히 | 遅れる 늦어지다 | 悪い 미안하다 | 迎える 마중하다 | ありがたい 고맙다 | 気をつける 조심하다

해설 남자가 결국 하고 싶은 말이 무엇인가를 묻는 문제이다. 남자는 사고로 전철이 늦어져 버스로 갈아타고 약속 장소로 가고 있다고 말한다. 더구나 약도까지 잊어버려 길에서 헤매게 될 것을 걱정하여 와줄 수 있냐고 물었다. 여자 후배가 역으로 마중 가겠다고 하자 남자는 그렇게 해주면 정말 고맙겠다고 한다. 남자 선배는 처음부터 역에 나와주길 바랐던 것이다. 정답은 3번이다.

문제4

문제4에서는 그림을 보면서 질문을 들어주세요. 화살표(→)의 사람은 뭐라고 말합니까. 1~3 중에서, 가장 적당한 것을 하나 골라주세요.

1番 ▶ 34:30

男 用事があるので早く帰ることになりました。会社
　 の人にあいさつをします。何と言いますか。

女 1 ごくろうさまでした。
　 2 お先に失礼します。
　 3 どうもごめいわくをおかけしました。

남 볼일이 있어서 일찍 퇴근하게 되었습니다. 회사 사람에게
　 인사를 합니다. 뭐라고 말합니까?

여 1 수고했습니다.
　 2 먼저 실례하겠습니다.
　 3 정말 폐 끼쳐드렸습니다.

정답 2　**문제유형** 발화표현

어휘 くろう 고생, 수고 | めいわく 폐, 성가심

해설 회사에서 남보다 먼저 퇴근할 때는 2번처럼 「お先に失礼します。(먼저 실례합니다)」라고 말한다.

2番 ▶ 35:07

女 先輩に借りた本がとても面白いので、友達にも貸
　 してあげたいです。先輩に何と言いますか。

男 1 友達に返してもいいですか。
　 2 友達にも貸していいですか。
　 3 友達も借りますか。

여 산배한테 빌린 책이 너무 재미있어서 친구에게도 빌려주고
　 싶습니다. 선배에게 뭐라고 말합니까?

남 1 친구에게 돌려줘도 됩니까?
　 2 친구에게도 빌려줘도 됩니까?
　 3 친구도 빌립니까?

정답 2　**문제유형** 발화표현

어휘 借りる 빌리다 | 貸す 빌려주다 | 先輩 선배

해설 남에게 빌린 책을 또 다른 사람에게 빌려주고 싶은 상황이다. 그럴 때는 「友達にも貸していいですか(친
구에게도 빌려줘도 됩니까?)」라고 말해야한다. 1번 「友達に返してもいいですか」는 원래 친구 책을 친구에게 반납
하겠다는 뜻이므로 어울리지 않는다.

3番 ▶ 35:39

女 学校の廊下で財布を拾ったので、先生に届けに行
　きました。何と言いますか。
男 1 これ誰の財布ですか。
　2 これ、廊下に落ちていました。
　3 さっき廊下に財布がありました。

여 학교 복도에서 지갑을 주웠기 때문에,선생님에게 신고하러
　갔습니다. 뭐라고 말합니까?
남 1 이건 누구의 지갑입니까?
　2 이거 복도에 떨어져 있었습니다.
　3 조금 전 복도에 지갑이 있었습니다.

[정답] 2 　[문제유형] 발화표현

[어휘] 廊下 복도 | 拾う 줍다 | 届ける 신고하다, 제출하다, 보내다

[해설] '이것 누구의 지갑입니까?'는 여러 사람 앞에서 주인을 찾을 때 쓰는 말이다. 3번 '조금 전 복도에 지갑이 있
었습니다'는 지금은 그곳에 지갑이 있는지 모르는 상황을 말한다. 따라서 정답은 2번이다.

4番 ▶ 36:12

男 きのうとても面白い映画を見ました。友達にも勧
　めたいです。何と言いますか。
女 1 一度見てみるといいよ。
　2 一度見るしかないよ。
　3 もう一度見てみたら。

남 어제 아주 재미있는 영화를 봤습니다. 친구에게도 권하고
　싶습니다. 뭐라고 말합니까?
여 1 한번 봐 보면 좋아.
　2 한번 볼 수밖에 없어.
　3 한 번 더 보면.

[정답] 1 　[문제유형] 발화표현

[어휘] 勧める 권하다

[해설] 「一度見てみるといいよ」와 3번 「もう一度見てみたら」 둘 다 권유의 표현이지만 3번은 이미 본 사람에게
한 번 더 보라고 하는 표현이므로 상황에 맞지 않는다. 따라서 정답은 1번이 된다.

문제5

문제 5에서는, 문제지에 아무것도 인쇄되어있지 않습니다. 먼저, 질문을 들어주세요. 그 다음, 그 대답을 듣고 1~3 중에서, 가장 적당한 것을 하나 고르세요.

1番 ▶ 38:03

男：あ、キムさん、就職がきまったんだって？おめでとう。
女：1　いいえ、こちらこそ。
　　2　どういたしまして。
　　3　みなさんのおかげです。

1번

남 : 아, 김 씨, 취직 정해졌다며? 축하해요.
여 : 1　아니요, 저야말로.
　　2　천만에 말씀입니다.
　　3　여러분 덕분입니다.

정답　3　문제유형　즉시응답

어휘　就職 취직ㅣ決まる 정해지다ㅣ～って ~라고, 라며ㅣおめでとう 축하합니다, 축하해

해설　취직을 축하하는 말의 대답으로는 3번 '여러분 덕분입니다'가 자연스럽다. 「どういたしまして」는 상대편의 사례나 사과, 칭찬의 말에 대하여 겸손하게 그것을 부정하면서 하는 인사말이기 때문에 답이 될 수 없다.

2番 ▶ 38:30

男：あのう、街で配る無料チケットですが、このチケットは一人に何枚あげてもいいんですか。
女：1　できるだけたくさんもらってください。
　　2　一人一枚ずつにしてください。
　　3　一人ずつ来てください。

2번

남 : 저, 거리에서 나누어주는 무료 티켓인데요, 이 티켓은 한 사람에게 여러 장 줘도 됩니까?
여 : 1　가능한 한 많이 받아주세요.
　　2　한 사람 한 장씩으로 해주세요.
　　3　한 사람씩 와주세요.

정답　2　문제유형　즉시응답

어휘　配る 나누어주다ㅣずつ 씩

해설　'한 사람에게 여러 장 줘도 됩니까?'라는 질문에 대답으로서는 2번 '한 사람 한 장씩으로 해주세요'가 자연스럽다.

3番 ▶ 39:00

女：ねえ、出かけるなら、帰りに雑誌買って来てくれない？
男：1　さっき一冊読んだよ。
　　2　ついでに本も買って来てよ。
　　3　いいけど、どんな雑誌？

3번

여 : 있잖아, 외출할거면 오는 길에 잡지 사다 주지 않을래?
남 : 1　좀 전에 한 권 읽었어.
　　2　그런 김에 책도 사다 줘.
　　3　괜찮은데, 어떤 잡지?

정답　3　문제유형　즉시응답

어휘　帰り 돌아오는 길ㅣついでに ~하는 김에, ~할 기회에

해설　'잡지 사다 주지 않을래'라는 부탁 표현의 대답으로서는 3번과 같이 '괜찮은데, 어떤 잡지'와 같이 승락하는 표현이 자연스럽다.

4番 ▶ 39:30

女：明日の朝は出発が早いので、寝坊しないでくださいね。
男：1　はい、遅れないようにします。
　　2　はい、早速行くようにします。
　　3　本当だ。もう間に合いませんね。

4번

여 : 내일 아침은 빨리 출발하니까, 늦잠자지 마세요.
남 : 1　예, 늦지 않도록 하겠습니다.
　　2　예, 즉시 가도록 하겠습니다.
　　3　정말이다.이제 늦었군요.

정답 1 **문제유형** 즉시응답

어휘 寝坊 늦잠 | 早速 즉시, 당장 | 間に合う 제시간에 맞게 대다, 늦지 않다

해설 '아침은 출발이 빠르니까 늦잠 자지 마세요'라는 당부에 1번 처럼 '늦지 않도록 하겠습니다'라고 대답하는 것이 자연스럽다. 2번 '즉시 가도록 하겠습니다'는 지금 가겠다는 의미가 된다.

5番 ▶ 39:56

女：どうしたの、その目？まっ赤だよ。
男：1　最近ずっと寝不足で。
　　　2　病院へ行ったら？
　　　3　どうぞお大事に。

5번

여：무슨 일이야, 그 눈? 새빨개졌어.
남：1　요즘 계속 수면 부족이어서.
　　　2　병원에 가는게 어때?
　　　3　아무쪼록 몸조심하세요.

정답 1 **문제유형** 즉시응답

어휘 真っ赤 새빨감 | お大事に 몸조심하세요

해설 '무슨 일이야, 그 눈? 새빨개졌어'라고 자신을 걱정해주는 사람에게 1번처럼 '계속 수면 부족이어서'라고 이유를 말해주는 것이 자연스럽다.

6番 ▶ 40:21

男：お酒はビールしかないんだけど、大丈夫ですか。
女：1　ビールもないんですか。
　　　2　ビールはなくてもいいですよ。
　　　3　ビールがあれば充分ですよ。

6번

남：술은 맥주밖에 없는데,괜찮습니까?
여：1　맥주도 없습니까.
　　　2　맥주는 없어도 괜찮아요.
　　　3　맥주가 있으면 충분해요.

정답 3 **문제유형** 즉시응답

어휘 充分 충분

해설 '술은 맥주밖에 없는데, 괜찮습니까?'라고 이해를 구하는 표현에 '맥주가 있으면 충분해요'라고 대답하는 것이 자연스럽다. 정답은 3번이다.

7番 ▶ 40:47

女：今度のレポートは大した量じゃないから、二、三日あれば出来るんじゃない？
男：1　もう少し時間かかりそうだけど。
　　　2　うん、もうすぐ出来るよ。
　　　3　たしかにずいぶん時間かかりそうだね。

3번

여：이번 리포트는 대단한 양은 아니니까, 2, 3일이면 되지 않아?
남：1　좀 더 시간이 걸릴 것 같은데.
　　　2　응, 이제 금방 돼.
　　　3　분명히 상당히 시간 걸릴 것 같군.

정답 1 **문제유형** 즉시응답

어휘 大した 대단한 | 量 양 | 時間かかりそうだ 시간이 걸릴 것 같다.

해설 질문자가 '대단한 양은 아니니까 2, 3일이면 되지 않아?'라는 의견을 말하는데 반론으로서 1번 처럼 '좀 더 시간이 걸릴 것 같은데'라고 대답하는 것이 자연스럽다. '2, 3일이면 되지 않아?'라는 질문에 대답으로서 2번 처럼 '이제 금방 돼'라고 대답하는 것은 어색하다.

8番 ▶ 41:18

女：明日の説明会、人が大勢来るみたいだから、資料はもう少し用意しといたほうがいいんじゃない？

男：1　えっ、もうなくなったの？
　　2　うん、そうしとこうか。
　　3　資料は少ないほうがいいしね。

8번

여：내일 설명회, 사람이 많이 오는 것 같으니까 자료는 좀 더 준비해두는 편이 좋지 않아?

남：1　뭐, 벌써 없어졌어?
　　2　응, 그렇게 해둘까.
　　3　자료는 적은 편이 좋고 말이야.

[정답] **2** [문제유형] 즉시응답

[어휘] 大勢 많이 | 資料 자료 | 用意 준비 | ～しとく ~해두다(~しておく의 줄임말)

[해설] 여자가 '자료는 좀더 준비해두는 편이 좋지 않아?'라고 의견을 물어오는 말에 3번처럼 '자료는 적은 편이 좋고 말이야'라고 대답하는 것 보다는 2번과 같이 '그렇게 해둘까'라고 대답하는 것이 자연스럽다.

9番 ▶ 41:46

男：高橋さんにこの仕事頼んでみたけど、断られちゃった。

女：1　えっ、割っちゃったの？
　　2　じゃ、もう一度断ったほうがいいんじゃない？
　　3　ほかに頼める人はいないの？

9번

남：다카하시 씨한테 이 일 부탁해 봤는데, 거절당했어.

여：1　뭐, 깨버렸어?
　　2　그럼, 한 번 더 거절하는 편이 좋지 않아?
　　3　달리 부탁할 수 있는 사람은 없어?

[정답] **3** [문제유형] 즉시응답

[어휘] 断る 거절하다 | 割る 깨다 | 頼む 부탁하다

[해설] '…부탁해 봤는데 거절당했어'라는 남자의 말에 1번과 2번처럼 대답하는 것은 거리가 멀다. 거절당했으니까 3번처럼 '그 밖에 부탁할 수 있는 사람은 없어?'라고 제안해주는 표현이 자연스럽다.